重新认识日本文化

象牙的船,
白银的桨

王晔 著

湖南教育出版社
·长沙·

著作权所有，请勿擅用本书制作各类出版物，违者必究。

图书在版编目（CIP）数据

象牙的船，白银的桨 / 王晔著. — 长沙：湖南教育出版社，2023.12
（重新认识日本文化）
ISBN 978-7-5539-9822-0

Ⅰ.①象… Ⅱ.①王… Ⅲ.①作家－人物研究－日本 ②文化研究－日本 Ⅳ.①K833.135.6 ②G131.3

中国国家版本馆CIP数据核字（2023）第219388号

象牙的船，白银的桨
XIANGYA DE CHUAN, BAIYIN DE JIANG

著　　　者：	王　晔
责任编辑：	黄康瑄
责任校对：	胡　婷
装帧设计：	郑　琰
出版发行：	湖南教育出版社（长沙市韶山北路443号）
网　　　址：	www.bakclass.com
微 信 号：	湘教智慧云
移动应用：	贝壳网 App
电子邮箱：	hnjycbs@sina.com
客服电话：	0731-85486979
经　　　销：	湖南省新华书店
印　　　刷：	长沙新湘诚印刷有限公司
开　　　本：	880mm×1230mm　1/32
印　　　张：	8.625
字　　　数：	170000
版　　　次：	2023年12月第1版
印　　　次：	2023年12月第1次印刷
书　　　号：	ISBN 978-7-5539-9822-0
定　　　价：	72.00元

如有质量问题，影响阅读，请与湖南教育出版社联系调换。
联系电话：0731-85486723

序　言

　　从硕士课程到博士课程，王晔在我门下专研。

　　我所研究的社会学在日本被视为"人间科学"的一部分，和正统观念相比显得有些异端，这很适合王晔，而我的研究室氛围活跃而独特。社会学的出发点是对人具有强烈兴趣。而对人有强烈兴趣与关心的最富表现力的武器是语言。在我看来，王晔最优异的能力正是在语言方面。王晔的日语出类拔萃，我更强调的是，对于通过语言可能得到表现的事象的局面，她切实地具有纤细的感知和准确的理解能力。

　　通过文章和对话感受到的王晔语言的细致和精妙，是她个人努力的结果，但不仅仅是如此，我认为，那是从中国文化深厚传统中渗透出的一滴。

　　从我的角度看中国文明的精华，不是从"武"里找，而是从"文"里求的。中国向全球化文明提供的最杰出的礼物就是"文人"这个人类类型。

日本人从五世纪以来，至少到十九世纪中叶，孜孜以求地从手边的中国典籍中一心一意地学习。那里有日本人憧憬的中国的文人传统。

王晔凭借优异的硕士论文升入博士，后来把活动中心转移到瑞典，如今以和学院派略有不同的形式活跃在文学创作和研究的舞台。我认为她的决定在全球化的当代来看，是与时代适宜，也是与王晔非常吻合的对生活道路的选择。

拿来和母国对比的文化若只有一个，做两相对照，很容易陷入优劣比较论。比如说，"日本和中国有哪些不同"这一类的议论会让读者和听众陷入否定对方的情绪或自文化中心主义。作为结果，容易煽动政治对立。全球化时代的比较研究，至少要有三点比较。比如说，瑞典或欧洲文化，从那个地平线上看，日本如何，中国如何，这样的讨论相对而言会更好。

此外，"学术"如今成了笼而统之的概念。其实，在二十世纪中期之前，科学并不是唯一的，也没有被神化。二十世纪八十年代后，随着新自由主义的抬头，科学主义成了支持学术的唯一信仰。这种倾向从世界体系看，从中心到边缘越发地显著。王晔这样对语言有精致的感性和能力的人，有学术功底又和学术保持一定距离，她这样的方法更贤明。

此番，王晔数年来书写的和日本关联的文论、随笔和小品集辑成书，实在是适合时代需要的企划，我为此感到特别高兴。在最先进的技术和急速发展的经济的支持下，中国已成为外在舞台上的一等国家。和这种外在舞台的动向不同，这本书，作为与中日双方文明的精华的"文"，与人的灵魂连接的作品，我私心祈愿能有更多的人来阅读。王晔的尝试挖掘了各种文明里存在的文人传统，将之活用，是桥梁或者说先驱，定然会在今后格外地熠熠生辉。

2021 年朱夏

大阪大学荣休教授　厚东洋辅

目 录

第一辑

002　有枯木的风景——小出楢重的图画

015　象牙的船，白银的桨——西条八十的诗歌

040　月光下的日本之莺——堀口大学的吟唱

065　骨头的诗，山羊的歌——中原中也的告白

093　葛藤之花——从《补陀落渡海记》看井上靖

112　大阪的"花暖帘"——山崎丰子的船场故事

124　生命的泥之河——宫本辉心里的一条河

145　苹果花落，河川奔流——加藤和枝和美空云雀

第二辑

166　初梦·里之前·朝颜·嵯峨野
　　　——扶桑记忆里的几个方块字
174　啊，长崎，今天也还是雨
181　我爱大米
186　在箕面的山上
191　迷失的孩子
196　喜起店的秋蝉
199　京都呓语
202　夜大阪

第三辑

210　六甲的野猪
213　年贺状·早梅枝·喜喜猴
223　妈妈桑
230　从此以后

234　大阪书简

239　掬金鱼

245　多摩川边，洗了又晒

253　叫卖四季，长音复短音

264　　后记

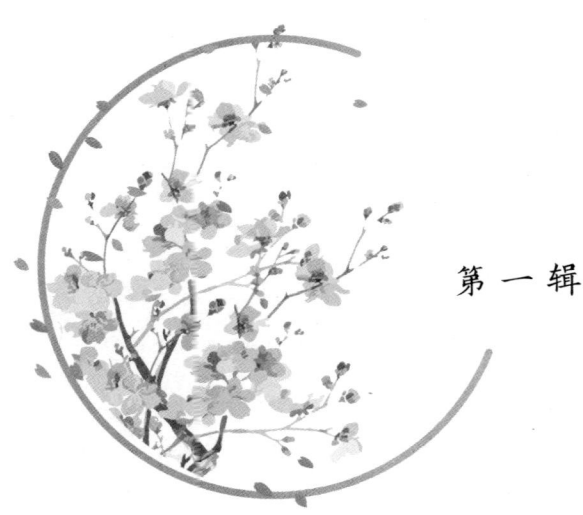

第一辑

有枯木的风景
——小出楢重的图画

就像对一个人在一瞥之间留下印象,一个下意识中的感知,引领你不由得再看一眼——我对那幅画是如此,对那幅画的作者也是如此吧。

那时,几乎每一个周末,我都在大阪丽嘉皇家宾馆打工。经常出没的场所是一楼叫"Main Lounge"的大咖啡厅,那是这家宾馆的颜面。设计契合建筑家吉田五十八"和自然融合的传统美"的理想,更追寻了平安朝的精神和风物。淡绿色的地毯上,依照曲水之宴流出一条小河,暗粉色的沙发椅是水边草上绽放的花朵,天花板上的灯饰是一朵朵紫色祥云,几根有着金莳绘的柱子支撑了这片天地。正前方,隔着整面巨大而透明的玻璃,可见外头日本庭院的季节变换,看到萤火或听到秋虫唧唧。

这里,时常能见到国会议员、当红歌星、相扑名将、野球教练、金融家，甚至有黑社会组织的头目，也挡不住阴阳师和众多相亲的男男女女。这样的客人组合和大阪的氛围十分贴切——大阪本是热闹的"人情"的城市呀。在刻意制造的穿越历史的平安风流下，上演的还是当下日常世界的人间喜剧。丽嘉皇家宾馆是大阪最传统的高档宾馆，位居市中心的中之岛。这里的餐饮堪称大阪最好，而大阪是有"日本的食堂"之美誉的。

  我不清楚是怎样的机缘巧合使得那位画家的那幅画悬挂于此，因为宾馆财大气粗吗？因为画家的出生地离此地不远吗？还是因为画家谙熟大阪的市井生活？

  不管怎么说，我第二次到"Main Lounge"才和他的画相遇。

  那里更引人瞩目、尺寸也更大的，其实是其他名画家的几幅作品。

  他的那一幅挂在"Main Lounge"左侧角落里，在服务台后相对并不那么引人注意的一面墙上，后来，我常常在它的前面站着。

  显然，画中人是一位华人女子，齐眉的刘海、齐耳的短发、单眼皮，粉色绸短裾的外头罩了件无袖紫色花缎袍，袍子的领口和窄褪绲着黑边。她脚蹬一双黑皮鞋，右手持一把打开的折扇摆在胸前，左手撑着一个古朴的木质花台，手偏大，身子略倾斜于花台一侧。花台上摆着一瓶玫瑰花：很是柔嫩，多鹅黄和粉红。花的粉色正好和绸短裾的粉色一致。这幅画有着暗色背景,花架子是深褐色,袍子是深藕色,色彩总体说来收敛、沉稳,但整幅画还是春意盎然,它有花色的地毯,带着鲜亮的粉红,和画中人周秋兰粉色的脸也一致——虽说那张脸的左侧被刷上一道暗影。这是一幅沉着中透着光彩的画。

周秋兰不是丑女,也不是能为大众赞叹的美女,而是一个让我不得不多看两眼的人,一个我觉得有兴味把她从画中叫出来并与之攀谈一番的人:"周秋兰,你到底是谁?你怎会站在这里?"

很难检索到更多关于"周秋兰立像"的资料,画中人周秋兰是个华人女子,大约就住在神户。昭和三年(1928),画家小出楢重(1887—1931)萌生了描绘着中国服饰的女性的想法,有人介绍了周秋兰。那时画家从出生地大阪迁居六甲山边的神户,一个让他觉得宁静的所在。在这里,他捕捉到神户这座"异人之城",也就是外国人,特别是西洋人出没的城市特有的元素,包括中国元素,如中华街的家具、饮食和女性。

我很怀疑周秋兰长得和画中一模一样,更倾向于相信真人的眉眼或许还更漂亮些。在我看来,画家小出楢重是一个为了凸显精神特质,不惜牺牲外在的肤浅美的人。为此,他从不惧怕把人画得不那么俊美,但他总把笔下的人物画得耐人寻味。

比如小出楢重的成名作《N的家族》(N是"楢"字的日文罗马音头字母)描绘的是画家的三口之家。一家人坐在桌前,戴圆顶尼帽的N，和服上披着外套，右肩稍微向后，嘴里衔着烟，白色卷烟的上端，烟几乎垂直地飘着。画家楢重和妻子重子之间是他俩的独子泰弘。泰弘直盯着桌上黄色的柠檬和红色的苹果。重子似乎颇有怨气，视线下垂，仿佛在担忧明日的柴米钱，那时楢重靠友人周济，还把有限的钱款投掷在绘画材料上。楢重微微侧着脸，这使他的右脸颊看来更为狭长，左脸颊相对宽阔，但下巴的轮廓尖锐，证实他确实是个"骨人"——那是他对自己的称谓。他的视线既不在孩子，也不在桌子，睁着眼，同时对一切视而不见。妻子面朝着丈夫，没和眼前的丈夫对视，专注的目光沉浸在眼皮下自己的思虑里。墙上露出一个圆形画框的下半截，看得见半截肖像里和N一模一样的厚嘴唇、削下巴及脖子的皱纹——他俩是同一个人。

　　帽子、和服、有窗帘的背景墙和桌子，多用暗色调，对和服质地的表现十分突出。人物五官，比如重子抿着的厚唇，极好地展现了这女人的性格。和妻子、儿子集中于屋内的视线和神思相比，N先生的眼神和唇上升起的烟云使他颇具游离感。N先生和墙上画框中的人，重复又不同，脸的角度相反，一个朝右，一个朝左。画家似乎将自己挂在了墙上，作为一个固定不变的家庭日常的参与者。他借助于头像，可以使魂灵儿如烟云一样袅袅上升，自由活动。又或者，他愿意在墙上，审视和旁观自己的生活？小出楢重爱烟，他这么谈烟："怎么说，香烟都实在是个好东西啊。和别人说话时，没根烟，多尴尬呀。要是没个淡紫色的烟幕，对方的面孔，看得实在过于清楚了。"

桌上放着文艺复兴时期德国画家荷尔拜因的画册。画册上摆了一只褐色杯子和一个黄色柠檬。画册点明了N的身份，也透露了他对绘画的理解。自打在东京美术学校求学时期，小出楢重就喜欢上荷尔拜因了："在我看来，丢勒呢，个人的好恶太强，还是荷尔拜因便于学习，他不会沉溺在对象中，而总能客观地彻底描绘，这一点很好。"

《N的家族》在大正八年（1919）的第六回"二科展"展出且获得了樗牛奖，小出楢重因此获得日本油画界的肯定和瞩目。其实，自东京美术学校毕业后的大正三年到七年之间，他参加过三次"文展"，都落选了。本来这幅画也想往"文展"送，友人提议，这幅画的画风和"二科"更近。画家原本将信将疑，得到周围人的不断肯定后，不由得自信起来，觉得不但要参加"二科展"，而且一定会拿个奖回来。所谓"文展"，是文部省美术展，相对保守，当时已受到多方批评，也正因为如此，鼓励自由的新画风的"二科"才应运而生。

明治二十年（1887）十月十三日，小出楢重生于大阪市南区长堀桥筋一丁目，是土生土长的大阪人。父亲楢治郎和小出长荣门的长女美津结婚，做了"天水香"膏药店的上门女婿，有了两个孩子，可惜，老婆和儿子都病死了。美津的妹妹嫁给姐夫，生下楢重和弟弟吉延。"天水香"专卖治花柳病的膏药，靠近道顿堀川、千日前一带。道顿堀川是大阪市中心的一条小河。小出楢重记得，儿时每到中秋月圆夜，母亲和女佣们会结伴去道顿堀川掬水洗目，据说，映射了明月的水能治眼病。当然，这不过是个习俗，聚集了太多人群的这条河边，人们洗锅刷盆，河水全然没有清洁到能洗目的地步。然而这一带是充满人情和风俗的欢乐街，"天水香"离花柳街近，生意还算不错。小出楢重自述，小小年纪的他不懂得那些膏药到底是什么，只觉得店里进出的客人有些古怪，总把膏药贴在身体的稀奇古怪的部位。他和小伙伴们把自家膏药的功效书，像当时流行的《铁道唱歌》那样，天真无邪地合唱过："汗疮、便毒……适用于所有和女人交合后的伤病……"

小出楢重对绘画的兴趣源于起居室里父亲按季节变化挂出的画轴。虽不是书香门第，普通市民家里有那么几幅画，当年也是平常事。那些和贵重无缘的画轴滋养了一个孩子对色彩和画面的敏感心。成人后的小出楢重很眷恋那些普通的画轴给自己带来的感官愉悦，他对现代日本的寻常人家拿恶俗的画报取代画轴的状况深恶痛绝。

因为对绘画的兴趣，小出楢重在小学和中学期间，在父亲的帮助下，师从渡边祥益学习日本画。

明治四十年（1907）七月，小出楢重的父亲因病去世。这年春天,楢重刚刚说服了父亲,自己要去东京美术学校学习。他的父亲兴趣广泛,爱绘画,也爱歌舞伎。父亲理解儿子对绘画的热情,所以才帮他拜师学画,但又觉得绘画总不是谋生正道,作为长子的楢重不学药铺经营,以绘画为追求,世人会怎么看呢,真是纠结。父亲的死反而让楢重得到解脱,更坚定了追求艺术的信念。本来,他考的是西洋画科,未合格才被编入日本画科。学习了两年,他还是觉得日本画不足以表达想表达的一切,不惜重做一年级学生,于明治四十二年转学西洋画。这一时期,文学杂志纷纷创刊,比如以森鸥外为中心的《昴》,武者小路实笃、志贺直哉等人的《白桦》,谷崎润一郎等人的《新思潮》。

小出楢重从学校毕业的大正三年(1914)正值第一次世界大战爆发。在继承膏药店和追求艺术的夹缝中,他承受着母亲的责怪,靠友朋接济度日。最终,弟弟撑起"天水香"。小出楢重与也曾学画的和田重子结婚,有了孩子。

大正七年(1918),第一次世界大战结束。第二年,《N的家族》获奖,楢重也开始接插画等工作。同时,日本地价升腾,"天水香"一带身价倍增,而药房的维系很是辛苦。小出一家决定卖掉地皮,把钱给分了。小出楢重分得一笔巨款,日子阔绰起来,还有了到欧洲游学的资金。从大正十年(1921)夏开始,他游学欧洲,特别是法国。适逢日元增值,在法国,他修家书一封,喜滋滋地谈到租用的公寓:"附带全部家具,含电费,需 200 法郎的月租金,换算下来,不过 30 日元。"就这样,小出楢重一路观摩画作、采购物品。滑稽的是,在那个动荡不安的时代里,汇率也是过山车,日元很快下跌。为期半年的游学从阔绰开始,以节流结束。回国时,小出楢重的画风还没有明显变化,但他已立下了追求日本独特的油画艺术的决心。

大正十二年(1923),小出楢重被推举为"二科"会员。第二年,他和锅井克之等在大阪创立"信浓洋画研究所",授业后学,给西洋画注入新风气。不少年轻人追随他,但也得忍受其言辞的辛辣。有个女生给他看一幅用漂亮的色调画出的女子半身像。小出楢重沉默良久,总算开了口:"还真是画了个大美女呀。不过,这样的眼睛,看得清周围的东西?再说,这张优雅的嘴,没法吃什么呀,可怜见的!"女生在周围人的哄笑中红着脸,不甘心地问:"那么,先生,怎么办呢?""怎么办?这个嘛,你想画的东西总归有吧,好好观察,它是什么样,就画成什么样。"这段对学生的批评,我以为透露了小出楢重的绘画观:抛弃表面的美,追求事物由内而外的真实力量。而这正是前述"周秋兰立像"的注脚吧。

小出楢重的一生都没停止过创作风景画。游学欧洲后,静物画增多。大正十五年(1926),因为母亲去世,他和大阪之间的纽带断了。可能是有了离开的选项,也可能是为治疗内心的惆怅,他离开大阪,移居和法国南部风景神似的神户芦屋,在芦屋设立画室——他还想多画画风景。事实上,移居芦屋后,增多的却是裸女画。风景画渐少的一个原因是,从父亲那里遗传了癫痫病的"骨人"小出楢重体力逐渐衰弱。

然而,为何要画裸妇?小出楢重在昭和五年(1930)出版的《油画新技法》中解释:裸体女人是比其他的一切更能让人感受美感的存在,是作画时最没法糊弄,也是一生也画不厌的表现对象。他漫谈裸妇和现代美人,认为日本女性腿短、脸大,不够平衡,美感上或有欠缺,然而,日本女性还是有娇美动人之处。特别是和西洋人蜡色的皮肤比,日本人在黄色中附加着淡红和淡绿的皮肤,它的温度和柔滑,更美、更惹人。于是,面对这样的女性身体,他希望把感受到的一切如实地用自己独特的方法呈现出来。他的裸女画大多不画面部,哪怕有,也很简单。他注目的是肉体的立体感,微妙的色调。大约,在他眼中,裸女的面部表情反而是一个必须削除的干扰。

小出楢重的裸女画像确实有温度,可能得益于他这种独特的表现力。他曾助文豪谷崎润一郎一臂之力,为小说《食蓼虫》增色添彩。移居芦屋后,小出楢重的工作内容之一,是给报纸连载小说画插图。昭和三年(1928)十二月开始,至次年六月结束,在《东京日日新闻》和《大阪每日新闻》中连载的《食蓼虫》对情色关系多有描述,妻子有情人,丈夫常去妓院,喜欢"人形净琉璃"的老丈人有小妾。丈夫处心积虑于如何不给妻子伤害,又体面地离婚。这故事和谷崎润一郎本人的生活有不少重叠,有些摩登,有些怀旧。在歌舞伎、三味线伴奏下的净琉璃说唱戏等包围下度过少年时代的小出楢重,为小说创作了数十幅插图。有私密睡床上露出慵懒玉臂和高高乳峰的女人,有对其侧目凝视的男人;也有净琉璃观众席上的丈夫对前排丈人小妾的遐想,楢重没给回头的女人和迎着她眼睛的男人画上眼珠,一对人儿深深凝视的奇效却不减一分;其他如对镜的女人的背影、云鬓和手臂。寥寥几笔,有的有素描和漫画效果,有的又仿佛扬州八怪之一——黄慎的人物勾画,极具视觉冲击力,强烈吸引了读者,一时成为话题,甚至也吸引了作家本人。谷崎润一郎曾自述,在这部小说后来的写作里,他从插画中受到了激励。

  小出楢重的画作中,我最喜欢的是《有枯木的风景》。水平的电车行驶线几乎把画面一分为二,右侧是一条小路。画面下方是几根倒在地上的木棍,即画题所点到的"枯木"。枯木躺在大地上,大地的颜色介乎金黄和枯黄之间,与其说是木枯,不如说是草枯。令我称奇的是,这躺在地上、并非笔直的粗而长的木棍,和画册中紧邻的小出楢重作品,一幅裸体像中妇人睡卧的线条十分相似。画面的中间偏左,露出几间农舍的房顶,屋边高高树立着一根高压电线杆。两大排高压电线,无所顾忌地划过蓝天白云。在最上端的一根高压电线上，一个戴帽子的男人坐在那里，面朝一个看不见的方向。据说，这确有其事。阪神电车沿线，是有过人爬上电线修理的事。更有人说，坐在电线上的是自己的父亲。但我关注的不是考据，而是画作本身传递给我的讯息。

看风景的人到底是要归来还是想离去？他到底是对此地的枯草更留恋，还是对远处的青草更憧憬？一堆如女性裸体般的大木头，和小小的黑影般的男人，一大一小，一低一高，一个清晰，一个隐晦。留给男人的笔墨和空间都不大，不如木头堆，

油画《有枯木的风景》

不如肆意横扫的高压电线以及其他画面上描摹的东西。但我的视线却不得不被这个最微小、最黝暗、最遥远的对象抓住，落实在他的暗影上。他在画面里，但也不见得真在。他的面部在阴影中，朝着画面右侧坐着，因此很难说清他在看着什么，到底看哪里，究竟能否看得到。他在场，又缺席。假如他是在看其他的、唯有在高处才看得见的风景，那景色会是什么样的呢？总之，除了直观可视的物像，还有些未直接描摹，却有存在感的不可视的画面。

若没有了这电线上的人，这幅画想来会无趣很多。有了人，于是有了一系列的问题。他是谁，他为何坐在那里。他的模样，隐藏就隐藏吧，但他心中的波澜，却让我很想碰触。

我常看见停息于电线上的鸟，每每见到，都有一种想体会电线上鸟的知觉的向往。小出楢重的画在一定意义上实现了我的愿望。一个像鸟儿那样息于电线上的人，看了常人不能见的风景，居于和常人不同的平面。一个不荣不枯的季节，一个不喜不悲的人，一个在也不在的距离。地上半枯的躯体，半空想飞的灵魂。或许，这不过是幅写实的画，只是被我过度解读。这幅 1930 年创作的画家的绝笔，画出了静中的动，让写实的一切，都有了超写实的精神跳跃。

小出楢重特别不喜欢别人把画挂歪了。我读到这条趣事时，距离在大阪皇家宾馆打工的日子已经久远，想起当年的一件事：

一位穿和服的老妇人，招手把我的同事叫去。同事回到我身边一面抱怨："老太太话多，偏说那幅画挂得有些倾斜。"一面把"周秋兰"象征性地扶了一扶。想来那个老妇人在有意无意中是懂得小出楢重的。假如小出楢重走进皇家宾馆，看见自己的画摆得歪斜，一定会用热辣的大阪方言说出一串尖酸刻薄的话来。如此，倒也能成就一段谐趣的佳话。

小出楢重本是个滑稽谐趣的人，他的叙述常常有关西"相声"，也就是"漫才"的效果。当年他在法国游学，开始了一生中穿洋服、穿皮鞋的初体验。他奔走了一天，脚疼得实在厉害，这才注意到自己把皮鞋的左右完全弄反了。在随笔《因果的种子》里，小出楢重说："不管是画哪一幅画，对我而言，都是难产，有时，意外地生得轻松，我反而对作品没有自信。虽然如此，我每天不顾性命地持续难产……"

昭和五年（1930），楢重在春天里略感风寒，继发神经痛；五月末出门旅行，罹患糖尿病；初秋，发生严重的腹泻和腹痛；十二月入大阪医科大学附属医院。次年一月出院。二月十二日晚间八点至十点，作家谷崎润一郎前来探病，两人谈笑风生。就在这个夜里，小出楢重陷入昏睡，次日午后离世，死因是脑血栓，年仅四十三岁。以《N的家族》开始，以《有枯木的风景》结束，出场和谢幕，在世人的眼中或许凝重有余、欢愉不足，但却幽雅醇厚，传达着一个"骨人"内在的敏感和力量。

象牙的船，白银的桨
——西条八十的诗歌

"草帽歌"

"西条八十"这名字，知道的国人未必多；可要是提起《草帽歌》，哼起那句"妈妈，还记得吗？你给我的那顶草帽"，一定和者如云。其实，《草帽歌》歌词就是从西条八十的一首诗改写而来。森村诚一这位二十世纪七十年代红极一时的日本推理小说家，曾于大学时代来到当时还未通电的雾积温泉金汤馆。到达后的次日，他带着旅店女主人捏的饭团上山去。途中打开饭团，包饭团的纸上印着的西条八十的《草帽歌》让森村着实感动。约二十年后，角川书店《野生时代》杂志创刊，角川春树社长亲自请森村执笔，森村想起与《草帽歌》的邂逅，以此为契机，创作出了著名的小说《人性的证明》。

西条八十（1892—1970）早年是象征派诗人和童谣诗人，还是法国文学教授。后来主要从事歌词创作，随着他创作的大量歌谣名曲的流传，他作为歌词家的声誉鼎盛，甚至遮盖了诗名。他著有《砂金》《陌生的情人》《美丽的丧失》《一把玻璃》《石卵》等诗集；也曾翻译诗歌并创作散文和小说等。

无"苦"——八十

说起来，"八十"并不是笔名。日文人名中的数字，最常见的是指排行，也有显示此人出生时父亲的年龄的，可这两种情况都无法解释西条的这个"八十"。日文中"九"字的音读发音（即直接模仿汉语的发音，有别于将汉字意译，转成日文后的训读发音）和"苦"字的音读相同。父母祈愿自己的孩儿一生无"苦"，特意把"八九十"这串数字中的"九"除去，是为"八十"。遗憾的是，西条八十的人生说不上风调雨顺，他的诗更是滋味苦涩。

西条八十在明治二十五年（1892）生于日本东京牛込区，即如今的新宿区。是父亲重兵卫、母亲德子的二儿子。甲午战争爆发时，他不过两岁。西条家是旧商家。原本，八十的母亲是许配给西条家的嫡子的。岂料德子刚到婆家，没来得及在黄道吉日行礼，西条家的嫡子便死了。德子由婆婆做主，许配给西条家的经理，这个经理成为西条家的养子，他就是西条八十的父亲。据西条八十称，其父比其母大二十岁，身材短小，和漂亮的母亲看起来很不般配，但他很有经营韬略。正是这个人，在明治十三年（1880）开始了日本最早的肥皂制造业。作坊里约有30人，另外开有店面，生意兴隆。

明治三十七年（1904），十二岁的八十进入早稻田中学。他受姐姐影响喜欢上文学，常到街头书屋借书，还随着英国人林艾米丽夫人学英文。而他的家里，有不少进口香料飘逸出几分异国情调。明治三十九年春，一家之主西条重兵卫突发脑出血亡故。长子放浪不羁，西条八十成了大家庭的继承者。据说他父亲死后留有一百万日元，在当时算是天文数字，可惜因哥哥的挥霍及商店经理的贪污，财产多被抵押，只是个空壳子。

不幸中的万幸是，西条八十在中学三年级时遇到恩师吉江乔松（别号孤雁），这是一份文学的因缘：吉江在早稻田大学文学部英文科读书时师从文学家坪内逍遥和岛村抱月，明治四十一年（1908），吉江自己也成了早大英文科讲师，后升任教授；大正五年（1916）赴法留学，大正九年回国，在早大文学部创立法文科，这是后话。

吉江乔松十分器重西条八十，八十也因此于明治四十二年（1909）入早大英文科的预科。两个月后辍学，转而在神田的正音英语学校学英语；后来又学了些法文。明治四十四年，西条八十再入早大英文科,同时通过东京帝国大学的考试,作为选科生在东大国文科听岛村抱月和坪内逍遥的课。西条八十还特别喜欢爱尔兰文艺复兴时期的诗人叶芝及剧作家约翰·辛格的作品。大正三年(1914),西条家彻底破落,搬家至信浓町。这一年,西条八十在象征派诗人三木露风的建议下加入"未来社",开始在同人杂志《未来》上发表诗作。西条八十于大正四年从早稻田大学英文科毕业,毕业论文写的是约翰·辛格。

兜桥的黄金梦

某年,西条八十拜访法语界泰斗丸山顺太郎后离开银座,天突然落起雨来,越来越大。为了躲雨,八十不得不跑进新桥站前的一家小饭馆。收银台那位亭亭玉立的女子借伞给他,他被这美貌又朴素、善良的人儿吸引。第二天去还伞,西条八十递上写有自己住址的条子:"冒昧得很,你能嫁给我吗?"女子脸一下子涨得通红:"我考虑一下。一定给你答复。"其后,在京都旅行中的西条八十收到回音:"接受。"就这样,短暂相处后,大正五年(1916),二十四岁的西条八十和小川晴子结了婚。

晴子的娘家在新桥经营米店和小饭店等。为了糊口,西条八十和妻子一起在新桥开了间叫"天三"的天妇罗店。八十也曾在一家股票中介店上班，并且自己也炒股。多年后，他回顾和一帮二十郎当岁的同伴在兜桥一带做股票的岁月，那时的股市受欧洲战争影响，一度有一派好景气，八十做过一攫千金的梦。在兜桥上，他或是同友人会合，或是于正午时分一起填填肚皮、耗耗时光，那是一段流淌着的有色彩的记忆："在铁桥的人行道上站立，正午，眺望河流的路径，上游总有石油流过来。青黑色的浑浊水面上，形成闪烁着的紫红条纹，在日光反射下，流星一般拖着长长的尾巴朝下游淌去。以为条纹消失了，却很快又有另一条流淌过来。"那飘来逝去再飘来的彩条，和他的黄金梦倒也相互映衬。当时，他除了想解救大家庭，还有一个他信以为真的空想：有朝一日，在神田骏河台的山上造一座豪华的诗人会馆，给贫穷的诗人备上松软的椅子、威士忌和卷烟等，免费让他们开心！

忘了歌唱的金丝雀

然而梦很快就断了，炒股受创，西条八十金盆洗手，寄身神田健文馆二楼，独自编一本叫《英语之日本》的杂志。一天，有一位目光锐利、留着胡髭、小个头、着和服的男士找来，他是夏目漱石的弟子，后来被称为日本儿童文学运动之父的小说家铃木三重吉。铃木三重吉认为，当时供孩子歌唱的曲子太陈旧而有功利性，文字无趣又单调；他倡导创造艺术性强的、丰富的，不是伤害而是保护和培养孩子的美好想象和纯洁情绪的歌曲。所以，他在大正七年（1918）创编儿童杂志《赤鸟》，开始了童话和童谣的文学运动，《赤鸟》杂志事实上将儿歌从明治时代教育训导类的歌曲，解放成了自由创作的童谣。这一天，三十出头的铃木就是特意来向西条八十约稿的。就这样，西条八十开始为《赤鸟》写作。那首著名的《金丝雀》刊载于该年十一月号的《赤鸟》，深受好评。杂志特约作曲家成田为三谱曲，次年的五月号，这首童谣和乐谱一起，在"我国最初的新艺术童谣"栏目下刊登，很快在全日本流行。除了西条八十，给《赤鸟》寄稿的还有岛崎藤村、芥川龙之介、泉镜花、德田秋声、北原白秋等。据说在当时的文学青年中，西条八十和芥川龙之介读书最广。后来，西条八十和北原白秋并称大正时期童谣诗人代表。

　　说起《金丝雀》这首童谣，有一段能让人感受到命运的故事。大正七年（1918）十月之初，上野发黄的樱花树叶终于悄无声息地散落。那时，饱受经济和生活压力的西条八十离开在神田的家人，独自住在不忍池附近一所公寓的四楼。一天，太太带着五个月大的长女嫩子前来探望。八十抱着嫩子在上野的东照宫内散步。他突然想到自己十三四岁时经历过的圣诞夜。头顶的灯盏中唯有一只灯泡不亮；在回荡着圣歌的光明的教堂里，像一只于叽喳鸣叫的鸟群中唯一忘了歌唱的小鸟。在东照宫内，西条八十捡拾起这段记忆，匆匆回到自己的屋子，金丝雀之歌已基本打好腹稿。

"想来，那时的我自己，不是那只忘了歌唱的金丝雀又是什么呢！很长一段时间，我远离了在自己的真实中必须生存和行走的道路，只徒劳地在歧路彷徨。"西条八十觉得，进入生意圈为锱铢之利而争斗的自己，虽不是全无得意之时，但每当内心深处突然想起自己是忘了歌唱的诗人，一直寂寞难耐：

忘了歌唱的金丝雀，到后头的山里扔了吧？
不行，不行，那样可不行。

忘了歌唱的金丝雀，在后院的灌木丛里埋了吧？
不行，不行，那样也不行。

忘了歌唱的金丝雀，拿柳枝的鞭子来抽打吧？
不行，不行，那样太可怜。

忘了歌唱的金丝雀，若随象牙的船和白银的桨
在月夜的海上漂浮，
那忘却了的歌就会被记起

西条八十自叙,这一问一答的母子对话,在他的内心不绝地回响,也像是自问自责。"就是说,岁月宽大的手掌,终于给了这可怜的金丝雀忆起昔日歌声的机缘。我也就此作为一名诗人再生。直至今日,读到这首歌谣,想起当时紧张的心,眼泪就止不住……这首歌谣,对我来说,就是自传的一节。"

这首歌收入西条八十于大正八年(1919)自费出版的处女诗集《砂金》,他因此奠定了作为象征派诗人的地位。《砂金》有富丽的幻想,细致的抒情和冷彻的气韵,诗人从英法文学和日本文学的双重素养中得到滋养,给日本诗坛带去清新气息。此前日本的象征派诗歌,如以三木露风为代表的,多阴郁而暗淡。八十的诗也抑郁,但他奇妙地将色彩和幻境的光影打在了抑郁之上。比如《芒之歌》:

西条八十《砂金》封面

一

折断芒草、听海
且幽且远、听海。
与君别后
在朝朝夕夕的
芒草中
听海

二

芒草中
见丹漆的小梳
你的发

芒草中
我觅到
古老悲伤的昨日歌

走出芒丛
仰首看去

深蓝的天
白色的云

大正九年（1920），尊吉江乔松的委托，西条八十成为早稻田大学英文科讲师。大正十三年（1924）早春，八十作为早稻田大学的留学生到法国索邦大学古典文学学部当旁听生，也开始和一些法国诗人交往。大正十五年（1926，这一年十二月二十五日改昭和元年）的春天，三十四岁的八十回国，出任早稻田大学新成立的法文科的老师，昭和六年（1931）升任教授。他在从事法国文学教学和研究的同时，也写了不少诗。昭和四年（1929）出版的诗集《美丽的丧失》中有《蝴蝶》这么一首诗：

最终向地狱下沉时
我给在那里等着的父母和
朋友带点什么呢

大概，我会从怀里
掏出苍白的、破损的
蝴蝶的残骸吧
就这样一边递去一边说
一生

> 跟个孩子一般，凄清地
> 追赶了它。

诗人用蝴蝶的残骸暗示什么呢？人不停地追逐蝴蝶，哪怕用尽一生；蝴蝶就在眼前，可总比追逐者更远一步。好不容易捉到，它总是很快死去。原本有着光泽的完美翅膀立刻苍白又破损，像是在说追逐者无法实现的梦。也或许是，以为梦想几乎实现的刹那，那获得的美好欢愉，突变为让人惊愕的丑陋。梦的不可求是一重悲哀，从美好的梦到丑陋现实的翻转也会是追梦人的另一重悲哀。

据西条八十的女儿嫩子解释，对蝴蝶的追求是诗人对幻想中的女性的追求；女儿见证过母亲因父亲的风流韵事而饱受煎熬，读这首诗让嫩子苦痛难耐。撇开诗人的私人生活，单从文字看，要把这份"追云"推而广之不难。追的不只是女人，也可能是贯穿一生、对某人至关重要的东西或生命本身。

取代通常被人言说的死后处所"天堂"，对基督教浸淫至深的西条八十竟不由分说地将"父母""友人"和"我"统统拽进地狱，何其严酷。他给人出乎意外的、也因此堪称绚烂的幻想，继而让人触碰幻想中暗藏的冰冷，何其无情；但也难以否认，他或许要借助无情传达一份热爱的深情，呈现某些现实的真相。西条八十在诗歌中不止一次表达爱的绝望，曾用"石卵"

比喻毕生对真正的艺术的追求：以为能孵化，却在早晨的日光里，发现那不过是一只石卵。下面这首题为《掌》的诗歌也是讲述一种挫折感：

是为了什么伸出的手掌
明明想要的东西已不再有——
春天里黄色的花粉洒落
冬天里冰凉冰凉地、雪花落下。

这是我的手掌吗，
洼地里盘踞着铁锁的无言，
指纹的幼儿是五个山丘
还恍惚记得
青草的梦。

某处鸟儿在啼叫
鸟儿已不再到我掌上来，
落叶沙拉沙拉落下金币，
这是小时候我梦见过的艺术的
价值啊。

第一辑

家人们哟，都已睡下
今宵我还会彻夜
把手掌伸出窗外，
冬风浪涛般
吼叫
月的光亮中手掌在歔欷。

对艺术追求的挫折感在夜的月光和冷风萧瑟所塑造的静寂之美中得到呈现。挫折很折磨人，但也有一份因折磨和破灭而添加的凄美，反衬追求之情的诚挚。除了挫折，西条八十时常书写死亡。比如《请求》这首诗：

我死之后，请深深地深深地埋葬
在小鸟的欢歌等等都听不到的地方
然后，请用阴气的石头和铅块坚固地包裹
让我哀愁的灰烬感受到春天可不行。

诸如花儿附近可千万不能埋，
星星般的花萼，柔软的花茎，
还有银莲花呀，或堇菜的近旁，都千万不要——
因为决不能让我哀伤的灰烬想起过去。

还有，比鸟、比花、比露更亲爱的你
你无论是要走到哪里
请千万别从我墓边路过
因为决不能让我哀伤的灰烬看到你的梦。

瑞典诗人尼尔斯·福林（Nils Ferlin）也写过一首提及"死亡"和"小鸟之吟唱"的诗：

甚至没有一只灰色小鸟
于绿色的枝头吟唱
在那另外的一边
我估摸那里多半阴郁。

甚至没有一只灰色小鸟
也从没有一棵白桦挺立——
但在夏天能给予的
最美的日子
发生了这事：我渴望去那里。

背负父亲自杀和母亲离世之痛，并不时被抑郁折磨的诗人福林，他眼里的生死并非截然分离。站在生死的交界线上，他对两边都抱有理解、不安和向往，认定此生后的一切阴郁、寂寥，甚至没有一只灰鸟的歌唱；同时不否认自己对其后的世界有一份强烈渴望，强到超越一个最美夏日的诱惑。

福林的诗句已痛到难忍，西条八十的诗句更决绝。诗中的"我"根本就不要有与鸟、花、露，最终是与"你"相关的联系，所有可能连接到那些激动心灵的生之符号的，都被断然拒绝——在灰烬里的心，那颗本该死透的心对那些已不能承受。

西条八十少年时代爱读《新约全书》。作为法国文学学者，他很容易被视为受到了兰波等法国诗人的影响。但作为爱好爱尔兰文学的英文科毕业生，他的友人认为，他的底色其实还是辛格和叶芝甚至比利时诗人、小说《死寂之城布鲁日》的作者乔治·罗登巴赫的。确实，读八十的诗不难想起叶芝的某些诗句，就比如《随时间而来的智慧》："虽然叶子很多，根只是一条／穿过我青春的所有虚妄的日子／我在阳光下摇落我的叶子和花朵／现在我可以枯萎而进入真理。"

西条八十常能注视表象的内面，超越现象去看本质，将本质用诗的语言形象地传达。早在《砂金》自序中，他就提到"心象"："我始终期盼得到自己心象的一个完全的副本……闪烁着来来去去，过后便捕捉不到的、树梢头风一般的心象，我们用迂远的环境描写和粗硬的说明，不过是、甚至都不能显示它的轮廓；尽管如此，为尽可能地记录心象而全力以赴是我的愿望。"这番话还是比较抽象,假如硬去解释,或许我们可以说:心象是万物的本质,更是"我"用自己的心感受或照出万物的本质,同时在万物中也映射"我"自己的内心。心象是生之中潜伏的凋零和死亡,是虽死也不能灭绝的魂魄。

八十还说,"思想作为思想容易地被认可时,诗就不是真正的诗了"。他注重在感知和诗性中潜藏思想。也正因为如此,八十的诗即便曾经畅销,真正被理解的并不多。他有一首题为《蜩》的作品,署"大正十一年夏于平潟":

今日,我进入后头的松山
看见蜩的姿态。

我,从前,
不知这虫儿的形状,

只远远听它的声音
对着那份寂寥任眼泪流淌。

现在,我上了年纪,人生寂寞的
真正的图像得以知晓的时日,
进入正午的松山,清楚地

看见这虫儿的姿态

原文里"看见"这一动作很难用汉语百分百地传达,因为西条在这首诗中的写法既不是单纯的过去式、完成式,也不是进行式,而是既说明了"看见"这一动作的实现,也暗示了动作之结果的延续。假如说,"看见"这个动作会有什么延续结果,那首先就是对诗人内心的影响吧。

"蜩"这个汉字字符在中文字典里多解释为"古代的蝉";而在日语中,指一种晚夏和初秋开始活跃的蝉,总在日暮时分开始嘶叫,声音寂寥惆怅。因而,日文平假名的写法意思明确,是"日暮"蝉。不过,这一种蝉在汉语语境中不是寒蝉,而叫蟪蝉。它在中国国内分布于华南大部分地区,由昆虫学家周尧先生命名。所以,前述译诗里的汉字"蜩",严格说,应写作"蟪蝉"。

尽管蟪蝉在日暮活跃,诗人却特意表明,"我"是在"正午"时分看见了它的形态。表面说的是看见了这一种蝉,实际或衍生到了比蝉更远的所在——在岁月更迭中走向人生黄昏的"我",看见的是自己的心和命的姿态。人和那只发出寂寞之声的蜩,互衬,互拟,本质仿佛。

西条八十就是这样尽力向事物和现象的本质靠近,逼视出它们的原形,感受它们终于对他现出的原形。他还有《落叶》

一诗：

女人哟，
在你白皙、鼓胀的乳房间
把耳朵埋下时

哗啦、啦、啦、啦……
听见的这远处的声音是什么，
是微微触碰的羽毛，夜里累积的粉雪
还是轻轻絮语的微风？

女人哟
你什么也不知晓、
黑而长的睫毛不经意间合起
明亮的樱蛤一般的唇中
静静的鼻息正在泄漏。
哗啦、啦、啦、啦……

啊，眼前再次浮现溪谷边的山路
那里，两三个男子，扬鞭
在追赶黄金的骡马

第一辑

　　他们的头上是纤细的夜月、

　　沙拉沙拉地，雨一样降落的落叶……

　　女人哟，深夜

　　一个人睁开眼寂寂寥寥

　　你白皙、鼓胀的肉体底下

　　今宵也能听见落叶

　　哗啦、啦、啦、啦……

　　虽然这首诗曾作为"代序"用在西条八十据自身的女性经历创作的小说《女妖记》里，这首诗应该不是谈男女和风月，至少不止于此。在女人的鼻息中、肉体下，都听得见落叶。落叶到底是什么、到底在哪里？这首诗究竟要说些什么呢？是要说欲望、孤寂和幽梦，还是要说生的欢愉、生的全部——在最丰润和满足的时刻里掩藏着追踪而来的、听得见的萧条？羽毛、粉雪、微风等都可能是对女体或女体的肌肤和呼吸给予人，特别是男人的感知的实写。就像生活中令人迷醉的诱惑人的时刻。"沙拉"或"哗啦啦"。可能是女人细微的鼻息，可能是落叶声和风声，也可能是生命时刻的游走之声。把耳朵埋下，是啜饮生的滋味，生就像女人的乳房，以其白皙和饱满引诱人也满足人。然而，当人把耳朵托付给它时，听见的是远远的又清晰的哗啦啦、啦、啦。西条八十耽美而呈现了丰富的感官体验的诗，似乎想抓住生命中那些稍纵即逝的，在进行也在消失的，在生长也在毁灭的一瞬。

乳房和落叶的组合，让人联想到西洋文化中"美女和骷髅"的象征意味。在现时的表象后，有虚无和崩坏，那是恒久的对立面。世俗的一切都会走向凋零和空无，落叶和骷髅般的虚无让人恐惧，也可激发人类与之争斗的欲望。八十的诗作为看到超越世俗光景的文字记录，也算得上凡人的一种对抗吧。骷髅是死亡的象征，指代形销肉蚀，存在的不复存在。世俗世界无论如何欢腾，死亡原本一直在场。然而，落叶毕竟还不是骷髅，落叶归根，还可滋养新生命，并带着旧生命复现。西条八十将女人的鼻息和落叶的沙沙声巧妙连接，象征自然天成。落叶是个提醒，提醒"我"留意一个新视角，即从落叶的视角看乳房，跳出乳房的时间，跳出"现在"看到另一时间的存在。

当然，西条八十也对衰老表现过积极态度，在不知不觉中开始以察看镜中自己衰老的脸为乐事。因为，在那里，"我"看到了田埂和小路，看到海滩和小岛，"我"的脸是"我"迄今游走过的世界。

昭和十年（1935），西条八十成为日本哥伦比亚唱片公司专属词作者，更加远离纯粹的诗歌创作，乘着歌谣流行之东风，写出了无数的流行歌词。昭和二十年（1945）八月，由于派系斗争中反吉江派势力等原因，五十三岁的西条八十辞去早稻田大学教授职务。昭和三十二年（1957），西条八十就任日本著作权协会会长。他帮助受欺负的作词、作曲家得到应得的报酬，似乎呼应了炒股票的青年时期构筑豪宅安置穷苦诗人的空想。

昭和三十五年（1960），西条八十六十八岁时，童谣诗碑《金丝雀》在不忍池畔树立。同年，他的妻子晴子在六十四岁去世。此后十年，八十独自生活，陪伴他的是他在室内摆放的三张妻子的照片。"我的妻子，活着时是我的母亲，死之后成了我的恋人。"西条八十被认为有一定的恋母情结，这导致了他和妻子及其他女性理还乱的关系。按八十的话说，母亲像没开放就枯萎的花蕾，寂寞地在命令之下和她全然不喜欢的父亲一起过日子。八十钟爱母亲，认为父亲虽有商业谋略但严谨无趣。不过据友人回忆，要说无趣，八十自己就相当无趣呀。八十的妻子总是调侃他：要是不写诗，完全就是个大傻瓜呀。西条八十继承了父亲在大事上会算计的特性，但他多梦想，不实际。

八十回忆母亲临死前的某一夜，他到母亲病床前探视，昏暗的灯下，听到了她的谵语："丑！"这是她原本要嫁的那个西条家嫡子的名字。八十听母亲提到过许多遍，那是个俊朗的画中人。八十惊叹于七十多岁的老母亲心中活着的浪漫火焰之灼热："一直是我父亲彻头彻尾的贞洁贤妻的母亲。然而，内心深处，最终，对那初恋的记忆难以忘怀的母亲。我的母亲是天生的诗人。没写过诗的诗人，我的母亲，在无言中对我的工作给予了理解。"

而在女儿嫩子眼里，父亲是个纯粹的，不媚权贵、不随潮流，在孤独中满足地生活的人。她和父亲之间有过这样一段滑稽又亲切的对话。那是嫩子结婚的前夜，八十表情严肃地把女儿叫到身边：

"嫩子，结婚到底是怎么一回事，你知道吧？"
"不知道。不过，我想就是不断努力吧。"
"可不光是这个，到现在为止，像童话中的少女那样是行不通了。不知道的生活在等着……"
嫩子说："杂志上好像是有医学知识的，烦人得很，我没有看。"
西条八十跟少年一般满脸通红，慌忙说："好了，好了，就按你的性格、率直地行事，怎么都行吧。不喜欢的话，随时都好回家来……"

昭和三十六年（1961），西条八十当选日本艺术院委员。昭和四十一年（1966），因喉头疾患入院。第二年十一月，他四十多年的研究成果《阿尔蒂尔·兰波研究》由中央公论社刊行。诡异的是，他并不喜欢兰波的诗。兰波写诗只有短短四年，后在非洲经商等。或许，西条八十在兰波身上看到了自己作为纯文学诗人的短暂却不可否认的生命？八十有这么一句诗："我是一代诗人／哪怕变成了灰，仍要，在风中继续飘舞／为了你们一定要把优美的歌继续歌唱。"

重新记起歌唱的金丝雀西条八十，最终在昭和四十五年即大阪万国博览会召开的1970年八月病逝。他曾表示，绝不要什么告别仪式，那只是给人添麻烦的形式而已。何况，"诗人是人生的香水、烟、雾。将其存在明确化，毫无意味"。

西条八十当年从纯文学诗人转为一般被认为降格的通俗歌

西条八十《民谣之旅》封面

词作者，他自述是因为一段口琴声。大正十二年（1923）九月，关东大地震，东京化为一片火海，上野的山上聚集了避难的哀痛之人。突然不知从何处传来口琴声，大家被这声音慰藉，渐渐趋于平静。三十一岁的西条八十就在人群中，他体会到歌曲给人的感染力，深感打动人心才是至要，从此决意投身歌词创作。他创作的歌词数千，一半以上都被谱了曲。不得不提的是，他也创作了不少军歌以及鼓吹日本侵略战争的歌曲。

大正、昭和的诗人西条八十，两岁时甲午战争爆发，青年时代，第一次世界大战爆发。昭和十六年（1941），日本对英美宣战时，他四十九岁。昭和二十年，《波茨坦宣言》发布，他五十三岁。在头脑中，他幻想"象牙的船，白银的桨"，他的壮年是在二战风云下，他乘上了长崎丸，走了一段"上海航路"。

西条八十曾以从军的形式两度到达上海。第一次是在昭和十二年（1937）十二月受《读卖新闻》委托，参加日方所谓的"南京总攻"。他从长崎乘船在十四日下午两点半左右抵达上海，从上海沿着扬子江溯流到南京看日方所谓的"入城式"，十天后，乘长崎丸返日。第二年九月，他又应陆军要求，作为音乐部队队长参加所谓的"中野战线"，再次从上海沿扬子江到南京。西条八十在这一时期写出的《上海航路》，吟咏了月下的上海、两岸郁郁葱葱的扬子江、欢乐的四马路、都市夜的玫瑰色灯火，他渲染歌舞升平，迎合了日本人对上海的想象和"憧憬"。然而，在后来出版的《西条八十全集》中，能读到八十对这次旅行的另一种实录，他自述看到了战火中"血的地狱"。认为"中国军阀""昏庸残暴"，坚信"皇军"能以"正义的盾"和"爱之手"将玫瑰色的和平投下。

　　日本在二战前开始的军国主义教育一定给西条八十造成了认知局限。无论军国主义者如何将侵略美化为正义，西条八十的文字还是记录了战争的残酷——他眼前现出了"血的地狱"，只是因为种种局限，西条八十认识不到正是"皇军的手"将人间涂成了地狱。和历史及政治的翻弄相比，西条八十为军国主义战争摇旗的歌曲只是其中弱小的一朵花，这花并非无毒。事实上，在战后，八十面临沦为战争罪犯的风险，靠友人奔走才未被起诉。即便不去裁判他是否为战犯，宽而言之，那些带着战争背景的歌词至少缺乏对现实和历史的深刻思考。今日，不少人单纯被那些歌词的文字美吸引，如李香兰首唱的《苏州夜曲》《红睡莲》等，而淡忘了它们诞生的背景，这令人遗憾。苏州也好，杭州、上海，乃至大连、抚顺也罢，是当时不少日本人的憧憬之地，在暧昧模糊的憧憬里，他们以走向"新天地"淘金的蛮横逻辑，将掠夺合理化。只是这一切以及西条八十在战争前后的心路历程已非本篇所能收纳的内容了。

月光下的日本之莺
——堀口大学的吟唱

得天独厚的文学摇篮

　　诗人、翻译家和法国文学学者堀口大学（1892—1981），明治二十五年（1892）生于东京本乡。那时，他的父亲、新潟县长冈人堀口九万一是东京大学学生，把家安在东大赤门附近，所以给儿子起了"大学"这个名字。

　　九万一还只有三岁时，其父在长冈藩和新政府军的战斗中丧生，由母亲独自抚养长大。他学业优异，更会审时度势，认为要出人头地，务必要学洋务。二十岁时，九万一考入东京大学法学部前身司法省法学校，明治二十六年（1893）在外交官考试中合格。第二年，他作为外交官单身赴任到朝鲜，参与了暗杀亲俄反日的闵妃即明成皇后的事件。大学和母亲、祖母及妹妹移居长冈老家。大学四岁时，他的母亲因肺结核病逝。父亲九万一则在欧美各国做外交官，很注意学习欧洲的教养。大学七岁时，九万一与一位说法语的比利时女子重组家庭。

大学在小学高年级便对俳句产生兴趣，他在长冈生活到十七岁中学毕业，重返东京。明治四十二年（1909），大学进入父亲的友人、歌人和诗人与谢野铁干的"新诗社"。刚巧佐藤春夫也从地方初到东京，进入诗社，同龄的这两个人很是投缘。

那一年，正值与谢野铁干主编八年的《明星》杂志停刊，他和森鸥外等创办了新杂志《昴》，这份杂志成为日本新浪漫主义思潮的据点。铁干夫人与谢野晶子也参与工作。那时，一群为杂志出力、不过二十五岁上下的歌人、诗人如平野万里、北原白秋、吉井勇、木下杢太郎、石川啄木、高村光太郎都是与谢野家的常客。他们沐浴着明治的余晖，即将走入新的时代，在日本诗歌史上继往开来。大学置身于这样的文学摇篮里，可谓得天独厚。

来到与谢野家的人都称与谢野晶子为"夫人"，只有大学称之"先生"。晶子说，我可不是你的老师，我们不是同门嘛。大学却从不改口。他推崇晶子的诗歌成就，也随晶子学习《万叶集》《源氏物语》等，深受日本古典文学影响。

大学按父亲的意愿报考第一高等学校，可惜名落孙山。第一高等学校是明治十九年（1886），日本为养育国家近代化建设中需要的人才而创立。明治四十三年（1910）六月，堀口大学和佐藤春夫一同报考，一并落榜。靠着与谢野铁干向永井荷风推荐，大学和春夫在这一年九月入庆应义塾大学文学部预科。当时的庆应，除了永井荷风，更有森鸥外作顾问，还有小山内薰、马场孤蝶、野口米次郎等名师。

正值永井荷风担当主编和发行人的《三田文学》创刊未久。据大学回忆，"三田的山冈上，还只见稀稀落落的几座建筑，品川湾吹来的海风下，唯有高大的银杏树那光泽明亮的叶片在闪烁"。

一天，堀口大学和佐藤春夫在教学楼走道里倚着墙板晒太阳，永井荷风碰巧路过："你们在给《昴》写稿吧，下次拿点什么过来看看，《三田文学》里也想登。"大学后来"回忆师恩"，记载了这个时刻，虽是半世纪后的回忆，他还是觉得荷风的声音"仿佛空中落下的天使之音，珍重地存于耳朵深处"。明治四十四年（1911），大学在《三田文学》刊登诗三首。倘若他就此追随日本文学大师，假以时日，他在日本文学上的成就不难期待，命运却对他的人生轨迹别有安排。

大学在庆应学了十个月，去墨西哥赴任的父亲给大学备好了护照和船票。九万一希望大学和自己一样当一名外交官，所以才让儿子报考第一高等学校，两次落选让父亲颇为失望。他不好直接叫儿子抛弃文学，只说留在日本学不出像样的法语，还是到比利时留学更好。因父子久未相见，不如先在墨西哥团圆。与谢野铁干主持壮行会，与新诗社同仁赋诗为大学送行。大学在明治四十四年至大正十四年（1925）间游历海外，其间三次短期归国。曾给《三田文学》等日本文学期刊寄稿。

打开一扇寂静的门

大正四年（1915），堀口大学随父亲到达马德里，一扇命运之门悄无声息地打开了。

玛丽·罗兰珊（Marie Laurencin，1883—1956）是一位法国女画家。1914年六月，她和一名德国男爵画家结婚，新婚旅行到法国西南部的阿尔卡雄时，德国向法国宣战，第一次世界大战勃发。因结婚而入了德国籍的罗兰珊只好和丈夫流亡到不远处的西班牙。这时的堀口九万一是日本驻西班牙公使。大正四年一月二十日，大学和父亲及继母一起在马德里拜访一位当地画家，本想委托画家作画，惜未能看中作品风格，而罗兰珊的画室就在附近。经介绍，大学得以在几日后拜访罗兰珊。他在画室前停步，指头扣响门铃；寂静的画室门开了，大学看到一张"水晶一样透明的脸"，一位年轻女子出现，她就是"立体主义女神"玛丽·罗兰珊。两人相谈甚欢，从此，大学常到画室去，跟玛丽学画，更了解到法国那一群具有"新精神"的当代诗人和作品。大学写过多篇和罗兰珊有关的文字，题为"立体主义女神"的一篇，记述的就是他俩的初相逢。

在巴黎时，玛丽·罗兰珊和巴黎的一帮画家、诗人如马克斯·雅各布等都相熟。她和诗人纪尧姆·阿波利奈尔（Guillaume Apollinaire，1880—1918）不仅是恋人而且已订婚，并得到毕加索等一众好友的祝福。1911年，罗浮宫内达·芬奇画作《蒙娜丽莎》失窃，阿波利奈尔成了嫌疑犯，虽不久无罪释放，窃贼后来也落了网，此事却成了玛丽·罗兰珊离开未婚夫的契机。阿波利奈尔把苦恋的悲情写成诗作《米拉波桥》，收录在1913年出版的诗集《醇酒集》里。"新精神"一词便来自阿波利奈尔这个立体主义的鼓吹者。

玛丽时常和大学一起散步，更时常向大学讲述巴黎的那些诗人和诗歌。一次散步途中遇雨，两人逃进普拉多博物馆。他们观赏弗朗西斯科·戈雅的名画《裸体的马哈》，大学感叹："真希望我能以女性的眼光来看这幅画。"玛丽立刻答道："哎呀，我希望以男人的眼光来看它呢。"这样愉快的交往直到玛丽和丈夫移居巴塞罗那才中断。

1917年，大学回日本参加外交官考试，笔试合格后参加了口试，终因病弱而未被录用。他从此觉得对父亲虽说愧疚但也有了交代，可以把一颗心全放在诗歌上了。第二年，大学自费出版了处女译诗集《昨日之花》，选译了波德莱尔、保尔·魏尔伦、莫雷亚斯、弗朗西斯·雅姆、保罗·克洛代尔等人的作品。也是这一年，阿波利奈尔在对德战斗中受伤，不久去世。1919年，大学的处女诗集《月光与皮埃罗》出版，皮埃罗就是意大利即兴剧中的忧伤小丑。1920年，罗兰珊离婚后回到巴黎。两年后，大学在巴黎和罗兰珊再会，重续情谊，并有机会直接接触到法国诗人们。这一年三月，在英国大使馆的假面舞会上，大学打扮成皮埃罗的模样。1925年也就是大正十四年，大学离开欧洲回到日本，译作《月下的一群》问世。

《月光与皮埃罗》被认为受到比利时诗人阿尔贝·吉罗（Albert Giraud，1860—1929）1884年出版的法文诗集《Pierrot Lunaire》启发，被月光击中的皮埃罗本是十七世纪以来流行于欧洲的典故。大学从纪尧姆·阿波利奈尔和玛丽的爱情悲剧中获得了创作灵感，也未必没有从自己对玛丽的钦慕中得到切肤体验。他这么写秋天的皮埃罗，月一样白粉的脸上泪在流淌，身体里渗透着秋，流淌的是真实的泪。

多年后，一位日本研究者面询大学，他和玛丽·罗兰珊之间到底有无恋情。大学默默无言，在采访结束时借出几本诗集。采访者在电车上翻阅，发现有一处拿回形针给别住了，是《月光与皮埃罗》里题为"遥远的恋人"的一首诗：

关于那年月的事
你爱着我
（桃色又白皙的你）
我除了被你所爱
什么也想不起来。

而今我觉得
对这个我来说
活着就是爱。
一切都合适不过
日夜相继
那时的两人
曾多么幸福！

你想不起来吗？
那时我俩的
心和心溶于一处
唇溺在唇里
手在一秒内开出千万爱抚之花？

你还没想起来吗？

那时我俩说过的事?
"上帝是为了两人的爱
才希望有这场战争的呀"
就这样一切的一切
——直至皇帝发动的战争——
只为两人的爱都成了正合适的事。
你还没想起来吗?

尽管是那样,尽管是那样,
你不在这里
我想呼唤,
"你的眼看见的
你的手摸过的
明明至今还在我周围,
为何只有你
不在这里……"

  一切都像命运,一切都刚刚好。是上天知晓大学对诗歌的热爱,才安排玛丽来引领,还是大学天性中的诗人气质,引他通过玛丽注目到她周围的那群诗人的呢?作为阿波利奈尔前女友的玛丽也会写诗,某日,大学要离开画室时,玛丽塞给他一张纸片，上边写着：

> 这只莺饲料是米
> 爱歌唱是出于天性
> 可到底是只小鸟
> 因那任性而变化莫测的性情
> 故意寂寥地啼唱。

在玛丽眼里，大学是一只忧郁敏感又天生要歌唱的日本之莺，所谓知音也不过如此吧。后来，世人对《月光与皮埃罗》中的皮埃罗到底是纪尧姆·阿波利奈尔还是堀口大学颇有争论，认为是前者的更多。然而，是两者合而为一也未可知。诗集问世于阿波利奈尔病逝一年后，其中描述了苦恋、孤独、忧伤和死亡，很像给阿波利奈尔的镇魂曲。而从大学和玛丽的交往及《遥远的恋人》那首诗看，大学的影子也难以排除。一方面大学对诗歌和玛丽的情愫重叠，另一方面大学和阿波利奈尔对玛丽的绝望激情也有重叠处，忧愁小丑皮埃罗的苦笑和悲凉，正契合日本之莺的美感。永井荷风在给这本诗集撰写的序言中，锐利地感觉到端倪。他认为，大学通过这部诗集让日本的友人更深切地听到了大学的琴弦的旋律，确立了大学在诗坛的立场；为何借小丑皮埃罗来说话呢，在新世界里感受到的混乱与调和等全部的感情都存在于此吧,就好像那位男扮女装和费加罗一起又哭又笑、讽刺挖苦的了不起的男子。

因为玛丽年长大学九岁,怀疑大学有恋母情结的也有之。其实年轻男子对成熟女子的爱慕并不鲜见,爱没有能说清的法则,知己和爱人的界限有时也难分清,无法否认的却是两人的惺惺相惜。不过,堀口大学遇到玛丽·罗兰珊,最大的意义不是恋爱,而是诗歌。玛丽·罗兰珊为堀口大学打开了一扇门,大学翻译过纪尧姆·阿波利奈尔、兰波、波德莱尔、让·谷克多、于勒·苏佩维埃尔等人的诗歌,几乎涵盖所有现代法国诗人。而《月下的一群》包含法国现代诗人六十六人的诗歌作品三百四十首,大学让法国诗人群体以豪华阵容出现,对昭和现代诗具有重大影响,大力推进了日本新诗运动。

爱欲与诗歌,女性和风景

堀口大学对日本诗歌的影响不仅在于翻译,也在于首当其冲的实践。他坦言,如同生死是文学的重要主题,爱欲与诗歌对他来说不可缺少。

大学在日本诗歌史上被看作独步诗人,更被贴上情色主义诗人的标签。一首题为"两只鹌鹑"的诗写道:"十六岁的小姐/秋天是脂肪累积的季节/你胸前养着的/两只鹌鹑也圆了呀。"《幻之散步》又说："就像用麦管吸苏打水／我吮吸你的爱——从我的毛孔／我的眼爱抚你身体的风景／于带圆润感的小径散步／这里是六月的麦田／这里是阴影繁多的谷地／下得平缓的山冈／到铺盖蕨叶的泉边啜饮。"

在题为"乳房"的组诗里，大学将乳房比作双子山、两半球、红嘴的鸠、睡眠的蛇等。这样的铺陈简直有些无聊，诗人却津津乐道，写了二十三组，每组各两行。但这组诗是摆在诗集《维纳斯诞生》里的，便有了一定的合理性。组诗对女体采用和自然及自然中的动植物相关的譬喻。还有诸如乳房有两个，手掌也是两个，乳房为手掌而生，是男子最初的"饵"和最后的"渴"的内容，沿用了传统的男性的把玩视线。

题为"风景"的诗里，开头便感叹女体的曲线，比之为牛奶的海上波浪荡漾，朝阳的三角形小岛蕨叶繁茂，山谷树荫下桃色尖顶若隐若现。而在《恋爱的熊蜂》一诗里，先写一只熊蜂冲进有毒的凌霄花花芯，激烈摆动，一心下滑；接着用明喻，像那幸福的熊蜂一样，"我也进入温柔的你的爱的峡谷"。诗句的情色意味自不待言，综上所述，大学被看作情色诗人不算冤枉。

然而，大学也做了自我辩解。他表示，自己十分同意这样的观点：情色文字若没有精神担当，便没有美学和诗意，只能是不净和卑劣的。他不喜欢艳词或恶趣，而是希望在一场语言的盛宴里请来爱神。在他看来,语言没有被限定的意味,在不同组合中,可能产生意外的飞跃,从而带来诗意。大学的诗初看与良俗美德相悖,其实符合他的诗歌美学。

此外,有着俳句、短歌和王朝文学学养的大学,依靠特殊家世,利用欧游时光,具备了国际视野,他的诗具有让东西文化交融的可能性,使欧风譬喻和日本文化情境融合。《维纳斯诞生》中有一首诗题为"带",题下有引文,是法国诗人让·谷克多的句子——"就像白鸟死前要歌唱那样/焰火用青眼凝望"。而大学的诗写成了这样:

白鸟的歌曲
在死亡时。

焰火的眼眸
为消散时。

你的腰带
是解开时。

这首诗再次将女人和自然景观以及事物相提并论。题记和正文间的连续性明显,对于前两段,大学已"不打自招",是对谷克多诗句的挪用,第三段则跨出小小一步。虽然模仿痕迹显而易见,却不能简单地将抄袭的帽子扣在大学头上,因为要紧的是,法国现代诗以这样的方式,在日本情境中扎下了根。在这样的诗里,曾经的和歌歌人大学和具备法国现代诗学养的诗人大学合二为一了。看似小小一步,在那个时代,却是得益于他的个人条件,才走出的日本诗歌史上重要的一步。也许正因为此,大学才会对《维纳斯诞生》这首看起来很简单的诗津津乐道:

神话中的维纳斯
从贝壳中诞生
今夜我的维纳斯啊
带和纽
踩着七条的虹

大学这样自圆其说:欧洲女子宽衣,衣衫落在脚下,微微堆积,直立的女子恰如从贝壳中诞生;而日本女子,解下和服腰带,仿佛七色的彩虹给踏在脚下。和服的腰带,是极具日本风情的文化道具,这个道具为大学频频使用,既不难理解也富于代表性。就是这样,西洋诗歌和绘画中的意象被大学拿到自己的文脉中,以腰带为媒介,加以日本化,做成了自己的诗歌产品。

将女性比作自然风景等在诗歌史上不是突然空降的做法，高踏派、象征派等现代诗歌只是对这一点做出了更充分的表现。如约翰·多恩（John Donne，1572—1631），英国的形而上诗人，写过这样的诗句："She's all states, and all princes, I, Nothing else is."将女子比作所有的国家，而"我"不是别的，是所有王子。王子自然要征服和主宰国家。虽没有直接把女子比作自然风景，但也是物化，且放在被统治的地位。

法国象征主义诗人古尔蒙（Remy de Gourmont, 1858—1915）的诗被戴望舒赞为有绝妙的微妙——心灵与感觉的。在代表作《西茉纳集》里，西茉纳的头发被比作充满大神秘的森林，散发出大自然里的香味，干蕊的、小麦的、木材的、黑莓的、被雨洗过的常春藤的、泥土和河流的，等等；又说，"西茉纳，你将是我的果树园和我的林檎树"（戴望舒译）。

现代主义时代里滚动着各种潮流，无论是高踏派、立体主义、象征主义，还是新感觉派、原始主义，都具备现代特质，推崇精神和人性的解放。二十世纪三十年代初，原始主义风潮席卷瑞典，不少作家笔下出现了梦一般的、没有姓名和个人特点的女性。阿瑟·隆德克维斯特（Artur Lundkvist, 1906—1991）写过这样的诗句：

我们体验你仿佛大地
以及沙滩和大海,仿佛宇宙。
你的腿上长着金色的草,
你的四肢流着红色的泉。
你那母亲的乳房是山,
充满液体的金子。

所以,无独有偶,大学作为高踏派诗人,练就这样的视线,顺理成章。其实,早先,佐藤春夫就认为,大学的短歌是在吉井勇和北原白秋之间的地带独自歌唱。春夫还以褒扬意味起用

堀口大学《水镜》封面

"桃色"一词,大学因而被诗友们呼为桃色少年。谁料桃色特征在大学游学欧洲后写下的诗里好像更明显了。明快、轻松、游戏、性感,这样的标签落在他的诗歌上,却不是褒奖而含贬义。直至被称为色情主义诗人,大学在当时的日本,独特而孤独。

所谓色情主义文学在西方诗坛并不陌生。前有罗马帝国诗人盖厄斯·佩特罗尼乌斯·阿尔比特(Gaius Petronius Arbiter, 27—66),到了堀口大学的时代,有波德莱尔、兰波等来发扬。大学认为,性感的诗歌,有肉体也有灵魂,有梦想也有现实。猛一看和良好风俗相孛,却是追求解放人性的道德。好在大学也有知音,如《月光和皮埃罗》也被人赞誉为像少女一般纯洁,有美梦一样的空想和骑士一样的激情。

值得一提的是,大学因为翻译保罗·莫朗(也译作穆航)的作品,直接促成了日本新感觉派的成立。日本新感觉派影响了中国新感觉派。把女体比作风景的写作手法,于二十世纪三十年代在中国新感觉派作品中有明显承继。如穆时英的短篇小说《Craven "A"》里就有长达六段的描写。"我"观察桌边的那位抽着Craven "A"香烟的摩登女郎,是研究"一张优秀的国家的地图",那里有黑松林、平原、高岭、湖泊、火山、两座孪生的小山、"我"想偷袭的海岬、海堤和渔网、冲积平原和港口,等等。

"我的真实和他们的不同"

除了桃色作品,大学诗歌里也不乏情深意切的吟唱。比如《月光和皮埃罗》里录有《日暮时分是良时》一诗。一唱三叹,反复点题——"日暮时分是良时／无限温柔的一刻":

日暮时分
自然仿佛在劝人安息。
风落了、
事物的声响断绝、
人觉得似乎能听到花的呼吸、
迄今于风中摇曳的草叶也
立刻归于静止
小鸟在羽翅间埋下了头去……

日暮时分是良时
无限温柔的一刻。

大学翻译过让·谷克多的诗句:"我的耳朵是贝壳／喜欢倾听大海的声音。"他很喜欢贝壳这个譬喻,创作了《母亲的声音》：

母亲丢下四岁的我离开了尘世。
听说母亲年轻又美丽。

母亲哟，
我在找寻
耳朵深处残留的你的声音
你在世间最后的日子
定有唤我的那最后的声音

三个半规管哟
耳朵深处居住着的螺
把母亲的声音还过来

　　大学勤于翻译，优于实践，虽然他的诗歌风格在自然主义流行的大正时代尚属前卫，面对不理解，大学保持了自信并固守自己的诗歌美学，有诗为证：

说我的诗里没有真实
人们因此不喜欢我的诗

> 我的诗是我的梦啊
>
> 而我的梦是我唯一的真实
>
> 因我的真实和他们的不同
>
> 对于我诗里的真实人们并不想看
>
> 而这是没办法的事
>
> 可我不想
>
> 从我的诗中
>
> 赶出我的真实
>
> 填入他们的
>
> 人们不喜欢我的诗
>
> 那也没办法

大学觉得,"春夫和我就像同卵双胞胎。一个感觉到痛,另一个便会哭"。大学的诗集《月下的一群》的献词便给了佐藤春夫。佐藤春夫作为大学的知己,认为大学不是大众的诗人,而是为诗人而存在的诗人。佐藤认为自己是将写诗看作祖父遗留的舒适旧裤子,写诗是自己的一部分,而非全部;大学认为,自己是把诗歌看作了一切。作为为诗人而存在的诗人,大学对诗歌技巧等有特别的追求和探索。他的诗里有率真和巧妙、洞察和思考、优雅和庄重、颓废和乡愁。

牛步迟迟,天已向晚——堀口大学的翻译

  明治维新后,日本对西欧文学的翻译日益盛行,翻译在近代化进程中不可或缺。西欧文学的翻译让日本人觉得看到了自己的影子和幽梦,同时这种翻译和阅读不乏对异国情趣的追求,从某种意义上看,那时的西欧文学不是作为文学而存在,而成了异国情调的一种。上田敏(1874—1916)于1905年出版西欧诗译《海潮音》,收集了西欧各国诗歌,被看作西欧诗歌的教科书,其中也尝试了分析和介绍高踏派和象征派作品。堀口

堀口大学《月下的一群》封面

大学虽不是介绍西欧诗歌第一人，但他的译介自有特色。

首先，大学的立足点和其他日本人稍有不同。西方文学对大学而言不是心中憧憬的远方的文字，更是青春岁月的组成部分，他就在西风欧雨中，又在个人旨趣上和那些法国现代诗人特别契合，他更以自己的创作为那些翻译作了最好的注释。

其次，从文本上看，比如《月下的一群》中以纪尧姆·阿波利奈尔的《米拉波桥》为代表的作品给日本诗坛吹去新风，给三好达治等后来的名诗人巨大冲击，影响了日本现代诗的发展。在这部集子里，大学以独到的眼光编选诗篇，涉猎面广，如前所述，包含法国现代诗人六十六位，诗歌三百四十首。更重要的是，他还将译文写成富有新时代气息的日语，认为可用作日本读者的近代诗范本。这本书的绪论体现了大学的翻译观："正如读者所见，我在这本诗集的翻译中采用的日语文体，有时是书面语，有时是口头语，硬的软的、新的旧的，实在是什么格调都有。然而，不管是哪一种，我所希望的，始终只有一个，那就是选择能将原作的图景和原作者气质最贴切、最直接地加以传达的日语。"《米拉波桥》的大学译本虽也被指出与原文有不吻合处，在大学之后出现了日文新译，但大学译本未被遗忘和消除，不仅新译或多或少参照了大学的版本，大学的译本作为诗歌的完成度也被认为是更高的。

大学在《诗与诗人》一文中表示，译诗是获得了把原诗当作自己作品的幻象。译者当然会有代入感，就是成为作者及作品中主人公的感觉。不过，大学所言，除代入感之外更强调强大的主观性。大学坦言："约稿的翻译、带着某个目的而翻译的，一篇也没有。没任何目的，只因翻译成日语开心而为……我时常因为太喜欢某个东西，就想去抚摸一下。美丽的诗篇如同美丽的恋人，是不得不爱恋的。就像抚摸爱人的新鲜肌肤一样，我怀抱压倒一切的、自身和世界都全然不顾的情感，拿手去触摸诗章，就成了这些译诗。带着这样的感情，我一旦发现喜欢的、觉得好的诗歌，就快乐地将它们转换成日语。因为这么做，我才可以获得原作成了自己的东西的幻觉。翻译诗歌，对我来说也是占有欲的一种体现。"

对于法国诗歌的翻译，在日本、在大学的时代，无人可企及大学的广度和深度。除高踏派、象征派诗歌等，大学还翻译了不少法语小说。大正十二年（1923），大学在去罗马尼亚的船上翻译了保罗·莫朗的《夜开》。这个译本在大正十三年推出。奇特的题材，新鲜的感觉和文体让读者很受冲击，被视为日本现代文学重要事件的新感觉派运动的导火线。莫朗作品对佐藤春夫也有直接的影响，有一篇名作用了"窗开"这样的标题。大学几乎涵盖保罗·莫朗小说的日译，对日本新感觉派有贡献，而日本新感觉派影响了中国新感觉派的重要成员，如刘呐鸥等。

大学在昭和二十一年（1946）六月《世界文学》第一卷刊

登的《翻译三十年》一文中回顾三十五年的翻译生涯,他谦虚地提及:三十五年过去,不过译了些诗歌、小说和随笔,或许会有人问,为了翻译这样所谓"次要的工作"花费三十五年,不觉可惜吗?他的回答是:不会。因为翻译是最大程度的精读。对热爱的诗歌、小说等细细咀嚼并翻译,是获得了无与伦比的精读机会。对读书人来说,怎么能算可惜。同时,他也感叹,译者怎么学都是书到用时方恨少。语言自不待言,百科知识几时才谈得上修得啊?"牛步迟迟,而天已向晚,只是为自己的不才而感到惭愧。"这自问自答透露出大学也不完全自信,至少没自信到对所谓"次要的工作"这类世间看法浑然不觉的地步。文学翻译不是随便什么人都可胜任,翻译家不如作家的说法确也不绝于耳,全不顾古往今来很多作家同时也是翻译家和评论家的事实。大学这样一位诗人的自问自答让人同情。然而,这或许是他的命运,一只日本之莺的命运。至于什么是首要和次要则只是尘世的浮云。

尾声

昭和十四年(1939),大学在四十七岁时同一位二十岁的女子结了婚。昭和五十四年(1979)获得文化勋章。两年后,因为急性肺炎,以八十九岁高龄离世。

大学曾评点他的老师与谢野晶子,认为万叶古今以来的短歌传统,到与谢野晶子才算完成,短歌的历史是为了晶子诞生的历史。这样的评价可见他对与谢野晶子的尊敬和理解,也似乎透露了大学的宿命观。假如说晶子有她的使命,大学的诞生便是为了日本诗歌的继往开来。从俳句和王朝文学土壤中冒出的大学跳入世界的诗海,又返回日本,其生活历程颇具象征意义。堀口大学既像月下的皮埃罗,也像日本之莺,他可能更像是月下的日本之莺,而诗歌就是那有阴晴有圆缺而让人癫狂的月。不过,大学并不哀伤,而是相信:

我死以后
说不定有人唱着我的歌
我不知道的一个人
……

有人在这些歌曲里
看出他自己的哀愁
小小的声音
或许念着我的名字
我不知道的一个人

败者

弱者

且是我不知道的一个人

在我死后

借这些悲哀的歌曲

爱我也说不定

我不知道的一个人

……

第一辑

骨头的诗,山羊的歌
——中原中也的告白

襁褓中——到旅顺

中原中也(1907—1937),日本近代抒情诗人,著有《山羊之歌》《往日之歌》,译有《兰波诗选》等。明治四十年(1907)四月二十九日生于山口县吉敷郡山口町(今山口市汤田温泉)。父亲名"谦助",曾是陆军军医,母亲名"福",本姓柏村。中也是家中长子,名字由父亲摘取上司中村绿野姓名里"中"和"野"的发音连缀而成。大正四年(1915),谦助成为丈人家的养子,改姓"中原"。中原中也写过简单的自传,提到从母亲那里听来的襁褓中的事:"我出生于明治四十年四月底,据说在这一年十一月三日,我和母亲及祖母三人离开家乡,四日登船,六日抵大连,在那里父亲迎接了我们……坐最后一班火车抵父亲的任职地旅顺。"母亲还说,在北九州门司港的旅馆候船时,每当汽笛响起,中也便着了火一般哭开了。当年船很小,摇晃得厉害,母亲呕吐不已,奶奶则精神十足,帮了大忙。后来,汽笛声在中也诗歌里时常显现,和"着了火"的哭泣一样,成了诗人的诗歌及生命的重要符号。

诗的履历书

中原中也在昭和十一年(1936)整理过一份"诗的履历书",含这么一些大事:大正四年(1915)一个寒冷的早晨,吟咏正

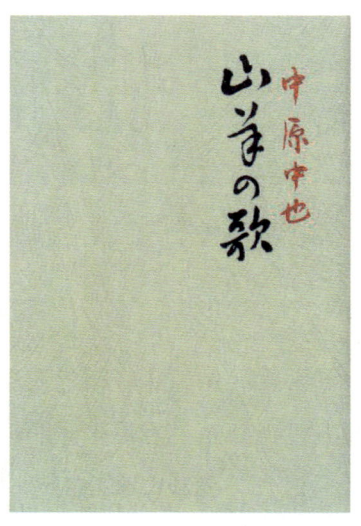

中原中也《山羊之歌》封面

月里病死的弟弟亚郎,这成了诗歌创作的初体验。大正七年,遇到热爱诗歌的恩师,开始给地方报刊短歌栏目寄稿。大正十年(原文为十年,有人考证或为十一年)和友人一同印刷短歌集《末黑野》。大正十二年春,因沉溺文学,从进入山口中学时的十二名跌至一百二十名,结果无法升学,不得不转京都立命馆中学,平生第一次离开双亲,独自飞翔。这年深秋的一个寒夜,于京都丸太町桥边旧书店,读到《达达主义者新吉的诗》,即高桥新吉的诗,深受启发。次年夏,富永太郎到京都,通过这个人,中原中也了解到了法国诗人。

大正十四年(1925),中原中也前往东京。在那里,他和小林秀雄、河上彻太郎、大冈升平等后来的著名文艺评论家和文学家们相识相交。中原中也是在这一年四月找到小林秀雄的;八月,决定专心于诗歌创作。次年五月,写出《朝之歌》,两个月后送小林秀雄阅读。通过《朝之歌》,确立了自己的诗歌方针。昭和四年(1929)同人杂志《白痴群》出版。次年停刊,共刊行六期。昭和八年五月成为《纪元》同仁;《兰波诗集:学校时代的诗》由三笠书房出版。同年十二月结婚。昭和九年十月,长子文也诞生;十二月,第一本诗集《山羊之歌》出版。昭和十年六月,参译法国作家安德烈·纪德全集第三卷。昭和十一年六月,《兰波诗抄》由山本文库出版。中原中也透露:从大正四年开始,累计写诗约七百首,其中五百首被弃。大正十二年初至昭和八年十月,每日正午起床,直到午夜,行走不停;深夜读书。

穿行于街,契合法国诗人波德莱尔的漫游者传统。如同躲不掉的命运,中原中也在京都没能如父母所愿,躲开文学,而是从一名日本短歌作者开始向现代诗人转型——他接触到了达达主义和法国象征主义诗作。他以"达达主义者"自居,友朋也以此呼之。不过中原中也的达达主义,主要在于修辞的模仿及打破陈规的主张。在诗歌创作上,他更是兰波、魏尔伦等法国象征主义诗人的弟子,因为推崇兰波,他还特意仿效兰波的装束,在照相馆拍了肖像照。

中原中也在履历书里未提及的大事还有几件,比如:昭和六年(1931),进入东京外国语学校专修科法语专业,两年后结业。学法语与他对法国诗歌的兴趣相关,不排除萌生过靠法语谋生的打算。又如,昭和十一年(1936)九月,经熟人介绍,他得到日本放送协会面试机会,却在履历备考栏里,只写下"诗生活"三字。面试官对此颇为不满,中原中也说:"其他履历于我有何意味?"如此对答,不得录用也是可想而知的事,但这段轶事倒也可以作为诗人将诗与生命烩于一锅的例证。除了前述同人杂志,他还曾在《四季》《历程》《文学界》等杂志上刊登诗作。

"诗的履历书"到昭和十一年止,距中原中也生命终止不过一年。昭和十一年十一月，长子文也病死；一个月后次子爱雅出生，中原中也陷入强度神经衰弱。次年一月，他被家人送入千叶市中村古峡疗养所治疗，二月出院。转而移居镰仓。夏天，他决定告别东京地区、移居山口老家。不过，没来得及实行。九月，译作《兰波诗集》于野田书房出版；他整理好《往日之歌》交托给小林秀雄。十月，中原中也因结核性脑膜炎入院，二十二日病逝于镰仓。昭和十三年一月次子爱雅病死。四月，中原中也遗作《往日之歌》于创元社出版。

穿透时空的天才感性

几多时代逝去
茶色战争经过

几多时代逝去
冬日疾风吹过

几多时代逝去
今夜这里的一番殷盛
今夜这里的一番殷盛

马戏篷的高粱
那儿有架秋千
似有若无的秋千

头倒挂手下垂
就在脏棉布篷顶下
呦啊呦哟呦呀呦哟

那近旁的白色灯火
如廉价绸吐气
看客全是沙丁鱼
喉咙嘶鸣如牡蛎壳
呦啊呦哟呦呀呦哟

篷外漆黑　黑暗的黑暗
夜劫劫而更深
降落伞这家伙的乡愁啊
呦啊呦哟呦呀呦哟

这是中原中也的一首代表作。"几多时代"直指岁月更迭的遥远往昔。马戏篷内有光和热，篷外是黑夜，黑夜的时间默默流淌，连着无边过去，朝着无限未来。篷内喧闹是无限中的一个点，诗人身处此地，此刻又能脱离，是被观望和书写的，也是观望和书写者。寒冬疾风吹的时代和眼前的秋千摇荡不断切换。在眼前风景里，诗人看到更迭的老照片。照片虽说褪成褐色，也因此呈现出特别的效果。联想自然而并不牵强，只借飘荡的秋千，荡出乾坤与轮回、历史与现实。无限苍茫间的追求和跌宕都在，又和秋千一般似有若无。看来肮脏而陈旧的廉价篷顶布，和表演的绚丽表象形成对比；里头看客的迷醉与外头黑暗笼罩下的沉寂的日常世界是对比——随时能从秋千坠入无底无边的黑。

秋千并非一直可见。可能是因为高度和旋转，忽隐忽现；也可能，在沸腾又紧张的内心，有的是幻境和心像。于秋千上摇荡的是作为他者的演员，也是将"自我"代入的看客或诗人。

茶色战争的联想可能与中也父亲的军医背景相关，也可能因为，在诗人的成长过程里，战火断断续续在不远处燃烧：诗歌最初发表在1929年秋，前一年六月张作霖遭到暗杀；日本内部政治斗争激烈、暗杀不断；1929年秋世界经济大萧条爆发。诗人原有日俄战争等儿时记忆。今夜的鼎盛，是战争缝隙里的鼎沸。叙述人视点转动，角色转换，忽而观众，忽而荡秋千者，无论是何种角色，都难免生存的困苦。秋千近旁的灯火，因秋千摇动，看起来好比白绸，好比吐息。马戏篷里的人一时迷醉，暂可忘记现在、过去和未来，而不觉危险四合、人生无常。然而再热烈也不过一瞬。中原中也书写的不单是真实的马戏表演，更是交织着象征意味的人生马戏。

全诗采用七五调节奏。大胆采用当时的新词，如"马戏"，还有自创的拟音拟态词。"呦啊呦哟呦呀呦哟"在拟音的同时，传达出摇摆之状。秋千的晃荡声重复成副歌，对全诗结构的设立、乐感的添加以及历史轮回感的烘托都很有效。观众如沙丁鱼，紧张的喉音如牡蛎壳的响动。"降落伞"与马戏篷外形有关，而且将马戏篷变成了空中飘落之物，和"茶色战争"呼应。既是飞来，它牵连着肉眼未必得见的时空，色块叠色块，诗的厚度便大不同。荡秋千是儿时游戏，童年及其所附着的往日故土被时代裹挟，早已一去不返。在马戏篷内，可想象、可癫狂、可飞翔，却不过是陷于黑暗包裹的降落伞中而已。

诗题是英文"circus"的日式音译，从字面看，"马戏"或"马戏团"这两个中译法都不算错。"马戏团"相对具象和狭隘，指表演团体。"马戏"则侧重表演形态，外延更大，历史和人生亦如马戏；这首诗的外延也大，并非定格在一个时间点、场景点、一个人、一个角度。

可以说这首诗充分体现了中原中也诗歌中个人生活小世界和人类宇宙大世界的完美融合。情绪是天然的，一亮嗓就以"几多时代"和"茶色战争"显露出不凡的格局——包含宇宙大世界。

这不是任谁便能模仿的生活儿歌,几乎在每一首诗里,中原中也总有几声天才的啼叫,化日常于诗歌,化平凡于神奇。

"名词以前"

在《艺术论备忘录》中,中原中也提出"名词之前"的概念,点开了艺术论的串串火花。他首先强调:"这是'手','手'这一名词说出口之前,把感觉中感受到的手,好好感受就行。"他还认为:名词过早在艺术家的脑中浮现是不幸的,那是人的二次意识,那个意识和艺术永不会交汇;生活世界和艺术世界不同,名词在生活世界里畅通;让艺术衰退的是固定概念,为何不是人人都能成为艺术家呢,因为人容易有固定概念,固定概念一旦成了条件反射就会让艺术枯竭;艺术是物与物比较之前的世界里的东西,笑被生产之前的兴味,笑是兴味的自然作品。艺术不是认识,更非学问。生命的丰富和炽热是艺术中重要的,感情的丰富和炽热并不重要,相反,感情的炽热不过是小主观。作品是主题的展开,不是主题的解说,无论哪种艺术形式皆如是。中原中也认为,今日之日本,艺术世界全不顾名词之前的世界,而沦为计划和实施的时代,且都是些陈腐计划,这种做法低级而不利于艺术发展。

中原中也的文论像散落的金沙。所以,他是诗人,而不是小林秀雄那样的文艺评论家。中原中也所谓的"名词以前"想来是那样一种节点,往前半步,不造出个词来表达已按捺不住感受;紧密依照这种感受吐露自己的语词,比之依存既定语词多一份辛苦、多一份艺术。中原中也明确表示,所谓"名词以前"并非印象派的瞬间描写,不单指光和影,而是强调"名词以前"包含全体性。由此可见,中原中也不愿用程式化的语词粗暴打破事物、感受和艺术的完整。

瑞典诗人特朗斯特罗默有一首脍炙人口的小诗《自1979年3月》:"厌倦了所有带着字词而来的人,字词而非语言/我走到这白雪覆盖的岛屿/野生的一切没有字词/那些没被书写的页面朝所有方向铺展/我在雪中撞上鹿蹄的印迹/语言但没有字词。"相信特翁与中原中也能产生共鸣。特翁表达了对字词的厌倦,对更贴近生命本身的传达的向往,这才有了野生的一切有语言无字词的看法。中原中也更进一步,明确强调野生世界的完整性,强调尽量完整传达感觉过的野生世界,而不因人为的程式化,将世界述说得面目全非。联想到《马戏》那首诗,不难猜测,正因为有"名词以前"的意识,才催生出其中新鲜的词语组合、出人意料的比喻及独创的拟音拟态词。

第一辑

盲目的秋

　　中原中也成为一名现代诗人,至少和两个城市有关:京都和东京。大正十二年(1923)转学京都,那一年他十七岁。这一年发生的关东大地震迫使许多东京人南下,京都书店里才可能出现高桥新吉那本印数很小的达达主义风格诗集。第二年四月,中原中也与长他三岁的女演员长谷川泰子同居,其间进行诗歌和小说创作。同居的契机是长谷川泰子和所在剧团实力派女演员吵架,被迫离团,突然没了栖身之所,被中原中也邀到住处。开头俩人如朋友,如姐弟。有一天,中原中也突然求欢,遂成了情人。对长谷川来说,中原还很孩子气,且对演艺业不感兴趣。次年3月,两人移居东京寻梦,中原中也因为富永太郎的介绍,和东京帝国大学法国文学专业学生小林秀雄相识。

　　小林知识广博,理性又成熟。中原中也自从认识小林秀雄这个才子,立刻搬到小林家不远处居住。长谷川自然也认识了小林,很快和小林坠入情网,十一月搬去和小林同居。中原中也不能把握长谷川泰子,又无法摆脱这位女子的吸引。他亲自将长谷川不能随身携带的物品拉到小林秀雄家,装得若无其事,却在深夜回家途上感受到自己在偌大的东京只是一个孤独客。诗歌《盲目的秋》透露出了他内心的啼血:

风卷起,浪咆哮
在无限的面前,挥动手臂。
其间,小小红花可见但
最终也溃烂。

风卷起,浪咆哮
在无限的面前,挥动手臂。
想起永远也无法归去
几度发出残酷叹息……

我的青春早成了坚硬的血管、
其中曼珠沙华和夕阳走过。
沉静、华美、充盈、
仿佛那离开了的女人最后送来的笑
……

接着,中原中也喊出这么一句:"我的圣·玛丽亚／总之我吐了血……／你不接受我的情／总之我困顿而失败……"

结合友人的回忆资料看，中原中也和长谷川泰子的同居，开头便有些勉强，长谷川最终被更成熟的男性吸引也是她的自由。她和小林秀雄的行为对于中原中也来说绝非温柔的对待，却终究是青春的热血惹下的情债。

青春是躁动而盲目的，花瓣曾经鲜艳却易被揉碎；在青春前头，光景本应无限，直面无限可能、直面自然而挥动手臂，是少年人的无畏。然而青春成了坚硬血管，其中彼岸花和夕阳流过。中原中也并非第一个运用"血管"这一意象的诗人，他也不单在这一首诗里运用，然而这首诗将这些字符组合，一己的失恋悲歌成了青春和生命之殇。但凡经历过青春的人都不难对这一切产生共鸣，而毋需担心时代和文化等隔阂。并且，中原中也诗歌中的时间往往是一条流动的历经沧桑的河，哪怕是血管做了河道。

成长的歌与岁月的河

《成长之歌》的第一段，中原中也这么唱：

幼年时
落在我身上的雪
像棉絮一样

象牙的船，白银的桨

少年时
落在我身上的雪
像霙一样

十七岁到十九岁
落在我身上的雪
霰一般散落

二十一岁到二十二岁
落在我身上的雪
想是冰雹吧

二十三岁
落在我身上的雪
看似残酷的暴风雪

二十四岁
落在我身上的雪
变得特别沉静……

这首诗录于《山羊之歌》，最初发表在昭和五年（1930）四月《白痴》杂志第六号。用棉、霰、霞、雹、暴风雪等雪的形态形容成长各阶段的生活和变化，以及伴随着成长，"我"的生活感受的改变。像是对短暂的生命有预感，中原中也时常写死亡，并对季节和岁月进行纵向描摹。仿佛站在生命之河的岸边，他一边看自己凡间的躯壳于水上漂，一边对不舍昼夜、奔流而下的一切加以评点，肉身在水里，魂魄则不单能潜水，也能到空中翱翔。

　　无独有偶，中原中也的《天真无邪之歌》里也可见时间奔流，它被不少歌曲借鉴过，借鉴过度、几近抄袭的则是当代著名影星武田铁矢作词并演唱的海援队名曲《想来已走到远处》。诗中有这样的句子：

想来已走到远处
十二岁冬日的那个日暮
港口空中鸣响的
汽笛的蒸汽今何在

月在云间
一听到这汽笛
身子悚然收缩

那个时空里，月在
其后又过了多少岁月
茫然拿双眼追逐汽笛的蒸汽
渐渐悲哀
那时的我今何在

如今有妻有子
想来已走到远处
前路不知走到何时
也只有继续活着向前

虽说会继续活着向前，诗人对其后的生活毫无自信，而且，"到头来一想起我那任性的脾气／这样的我的生活定是辛苦"，"想归这么想，十二岁的冬日的那个黄昏，港口空中鸣响的，汽笛的蒸汽今何在"。

这首诗尽管收在遗作《往日之歌》中，却是昭和十年（1935）十二月创作，刊于昭和十一年一月号《文艺泛论》杂志。中原中也回望来时路，想起十二岁那年以及其他的往日：多重时间、几番过去。当时的他不过二十八岁，却好像到了困顿的中年，甚至有带着苍老的双眼回顾之感。蒸汽仿佛那年的蒸汽，其实不是；"我"自然就是"我"，却其实不是。诗人只活了三十岁,从他的生命长度来说,确已抵达晚年。虽说经历人间沧桑,这首诗本身具备天真无邪的特质,而这也是中原中也这个诗人的特质。

归乡

柱子也干庭院也枯;今日晴好。
檐廊下蜘蛛之巢心怯无助地摇。
在山里,枯木也吐出气息:啊,今日晴好。
路旁的草影发着天真的愁。
这是我的故里,微风正吹拂。
开怀哭吧,妇人低语。
哎呀,你来做什么?
吹来的风对我说。

"归乡"这两个字,猛一看去,总觉得该透着浓情深意,有如春的温暖。然而领略过一点人情世故的人,就知道归乡的滋味绝不单纯。中原中也作为长子和神童,被传统而殷实的中原家寄予厚望。可惜,他中学便落第,为了颜面,父母托关系让他转学。中原中也滞留东京多年,家人倾其所有助他精进,谁知他沉溺于诗歌和恋爱,过着正午起床、整日散步、深夜读书的生活——常人眼中的放浪生活。他的父亲,森鸥外曾经的下属和学生,擅短歌,对长子无法承继家业痛心疾首,对其书写的诗更是不屑一顾。父亲去世,母亲故意支开中也,不让他参加葬礼,只为怕人闲话。出人头地才是第一位——这种主流社会价值观会主导父母的价值观。归乡,对于少小离家的中原中也来说,不是什么轻松概念。实在是,连风也要揶揄一句:"你来做什么?!"中原中也几番回乡又几番灰溜溜离开,他有过靠诗文出人头地、光宗耀祖的愿望,但这愿望也只是压力,抱着贫病归乡的人,其内在和外在的屈辱无处化解。故乡是他的慰藉之所在,也是他的负担之根源。

　　题为《归乡》的这首诗和《诗经·小雅·采薇》的"昔我往矣,杨柳依依。今我来思,雨雪霏霏"有异曲同工之妙。中原中也的诗句不用雨雪衬托归乡人内心之苦,反用"晴好",可惜外在的晴好遮不住内心的雨雪。《归乡》也让人想起芬兰瑞典语诗人索德格朗的诗句,那也是发生于故园的对话,也有责备,来自老树和柱廊:"我儿时的树高高伫立草上／摇头:你成了什么?柱廊站立着像是责备:不值一提的家伙,你走在我们底下!"昭和十二年(1937)十月二十二日,中原中也在镰仓病逝前不久,其实已决定归乡定居,可惜"归乡"成了未能实现的悲愿。

白痴群

　　身高约一米四一的中原中也和一众文友的关系耐人寻味。有缺陷、有压抑的一群热血青年在艺术追求中，用真心、真泪、真碰撞织成了一段人与人的缘分，比热闹而空洞的当今文艺界社交要真纯有趣得多。

　　《白痴群》是昭和四年（1929）中原中也和河上彻太郎、阿部六郎、安原喜弘、古谷纲武、大冈升平一起创刊的同人杂志，只维持到第二年，中原中也是其中最积极的投稿人。杂志名由中原中也拟定，因为这一帮诗友反对当时太过强调"理性""政治"和"主义"的近代病，而自愿和理性保持距离，做个白痴，多关注灵魂、情感和自然，从而吐出诗歌。虽然小林秀雄不是白痴群的成员，但从他对普罗作家的忠告等方面看，小林秀雄的态度也是和白痴群基本一致的。

　　中原中也有个让熟人生厌的毛病，一旦喜欢某一位友人，就会忘记世间规则，没日没夜地找人家论诗，甚至迁居到友人居所近旁——这给别人带去不少困扰。据大冈升平回忆，中原中也固执己见，自认为洞察宇宙真理，有时用词刻薄，容易让人生气。和他吵架的友人不在少数。

　　尽管中原中也和小林秀雄是情敌，中原中也临终托孤一般将遗稿交与小林秀雄，从中可见他俩在诗歌上的信任。大正十七年（1928）五月，小林秀雄和长谷川泰子分手，独自迁居奈良。中原中也重新追求长谷川泰子，但女方并无回应，倒是生下了与一名男演员共有的孩子，中原中也给孩子起名，尽力照顾母子。在中原中也病死后，长谷川泰子让实业家丈夫出资设立"中原中也诗歌奖"，颁发过几次，后因家中经营受挫而停止。中原中也托付小林秀雄的第二本诗集《往日之歌》，在友人协力下，于昭和十三年（1938）四月出版。曾和中原中也吵翻而断交的大冈升平，不愿旧友因为离世而像一块旧抹布或一只死于墙角的老鼠，更因阅历的增加，对中原中也诗歌有了新理解，倾情倾力写出传记《中原中也》。

但大冈升平和小林秀雄在评价中原中也时，不为亲者讳，不一味说好话，反之能用心理解中原中也不同于常人的特点。这种肝胆相照的交往，透露出艺术追求的纯粹性。他们对中原中也的尊重建立在对艺术的尊重之上。这样一群"白痴"的交往，虽有纷争和矛盾、恩情和怨怼，却让人感佩。

小林秀雄写过《关于中原中也的记忆》一文。一棵海棠树盛开在小林秀雄的脑海里：多数人只一味赏花，有一人则哀叹树龄太轻、花开太急，其实大不妙——海棠果然早夭。在那枯萎而飘散的花瓣里，小林秀雄看到了中原中也蜡黄的面庞。中原中也是在离世那年冬天才移居镰仓的，小林秀雄那时也住在镰仓。他俩从几乎绝交，变得突然间又有了联系。

小林秀雄坦言自己对中原中也既厌恶又喜爱，他俩的关系"是一种恶缘"，并且，初见面那会，就有那么一种预感："和他相识不久，我就迷上了他的情人，在三人协力下（人和人彼此憎恶之事里也有同感），奇怪的三角关系形成了，既而，她和我同居。这件忌讳的事把我和中原的关系搞砸了。不用说，和中原相关的回忆，不得不将这一点放在中心，悔恨的洞穴太过深、太过暗，我不相信告白的才能，也不相信利用回忆进行的创作。令人吃惊的是，健笔的中原，对这件事什么也没写。只是，在他死后留下的芜杂笔记和草稿里，我找到写着'惨不忍睹的男人'的几片纸头……然而，再没别的。'惨不忍睹的男人'的洞穴，无疑太过深、太过暗。其后，八年过去。两人各自结婚，都是与自己的过去无关的女人。那是为了便于忘记那希望可以忘却的过去而努力出的结果。两人并未愚蠢地模仿，但共通的过去的噩梦，在两人相会时又生出了其他的享受生活的模样。"小林秀雄特别引用中原中也的诗，"我吃够了苦走来，到底是什么苦，根本就没想说。这辛苦到底有无价值，也根本不去想，总之，我吃够了苦而来"。看来小林秀雄对青春爱恨交加，青春的热爱与苦闷、代价和果实，难以评说，如果有恶之花，那也还是无法复制的青春的花。

小林秀雄最后一次与中原中也见面，距离中原中也突然死去不过几天。中原中也默默从院子那儿走来，穿过檐廊进入书房。"黄色的面孔,孩子般的身上披着孩子气的鼠色哔叽斜纹服,此外,手指头和脚指头上都裹着发脏的绷带,这是我无论如何都难以忘怀的。"小林秀雄回忆至此,引用了中原中也的那句诗:

"污浊了的悲哀上/今日也有小雪降/污浊了的悲哀上/今日更有风吹急。"

在小林秀雄看来,中原中也是不知如何保护自己的孩子,与其说是诗人,不如说是告白者。他过于真率,不知世间生存的隐蔽术,反而强烈地要与人分享自己最大的秘密。聪明的中原中也知道这么做挺蠢,无奈总有一种力量压倒他。他在本质上是抒情的,语言发自内心,他的诗和生活密切结合,生活的冲突成了诗歌里的冲突,和外界污浊世界没有实际交涉——他是在自己内心深处和被玷污的悲哀斗争了一辈子。因为一心告白,无暇在诗歌技术方面费心思。同时,小林秀雄自认为如此评析一位天才诗人未免愚蠢。只是,从小林秀雄的个人体验来说,读中原中也的诗歌,中原这个人具体的形象和生活画面在脑海中过于鲜明,冲淡了诗歌本身的色彩。小林秀雄认为中原中也把自己关闭在告白里找不到出口,多抒情,乏叙事。

所谓抒情性和叙事性,其实是日本诗歌评论领域的重要话题。叙事性的缺乏,在小林秀雄看来,是日本近代诗人的通病。比如在日本的短歌里,叙事的成分比之抒情要弱很多。其实,小林秀雄和中原中也对诗歌的理解有分歧,学院派的小林主张语词的提炼，中原认为当然得有提炼，但强烈反对把诗歌当描绘。小林自知中原和自己正相反，具备自己所不具备的，这恐怕也是他俩相互吸引又相互厌恶的原因之一。中原中也或许以某种奇异的方式，预见了小林秀雄对自己的回忆。诗歌《多云的秋》开篇写道：

> 有一天你看着我会嗤笑吧
> 脸色也太青了，你说
> 像被十一月的风吹打的，无花果的叶子
> 像被丢弃的狗
> 诚如你所言
> 没准比狗还惨
> 我有时自己也这么想
> 我自己或在悲哀
> 尽管如此，你还是会想起来吧
> 我不在时，我已不在地上之日
> 那家伙那时候那条道那个所在
> 青色的脸，无花果叶子般被风吹打——是个寒冷的午后
> 垂头丧气，如被丢弃的狗

其后，中原中也在诗里写到"你的烟斗"，写到"我"对

那烟斗的气味和焦色如何熟之又熟。"你"和"我"的影子都在地板上,烟斗在燃烧,远处电车声依稀可闻。那里,命运在响,我们的命运,也就像烟斗的燃烧。

据大冈升平回忆,中原中也和他们高谈阔论时,常有诗歌和文艺方面的惊人洞见,但落于文字就逊色许多。中原中也所存不多的诗论文论中确有闪光点,可惜整体论述有杂乱之嫌。

在《我的诗观》一文中,中原中也认为昭和五六年时,即小林秀雄登上文坛不久,日本文艺评论兴盛。这类评论论文艺与一般世间常识之关系,如文艺与社会之关系等,谈不上文艺本身的事,因此,这种评论的繁盛不如说是文艺之贫困。在这样的评论氛围下,中原中也的作品被看作是抒情的而缺乏叙事,是主观的而缺乏客观,对此,中原中也辩解,在主观的抒情诗背后,有着客观的能力。

虽说辩解,中原中也在世时,并没有死后的巨大文名。他在《诗人可怜》里感叹,"我可不再唱什么歌了。谁还唱什么歌呀/大家都不听,不过装出听的模样",听众内心冷淡,装模作样地鼓掌,"因为鼓掌就再唱一首吧。便是已受够的一副脸"。可见中原中也虽说自己不演戏未必不能看穿别人的戏。这样的世界对他而言太过麻烦。长子文也出生后,中原中也盘算着若是儿子喜欢诗歌会很不错,"若是第二代能出成就,好好阅读我的藏书也够诗道的修行了"。这个既敏感、早熟又不谙世故的诗人，在现实中尝遍绝交、失恋之苦。他有神童和天才的自傲，又有落第生和乡下人的屈辱，他想光宗耀祖、解决家族给予长子的包袱，却只能自我放逐，用抒情而甘美、不乏自嘲的诗舔伤口。

长子去世不久，中原中也被送进精神疗养所时，据说出现过幻听和癫狂迹象，但终究并非精神病发作，而主要是长子离去的伤痛和次子出生的压力造成的歇斯底里。大冈升平有一个深切而锐利的推测，认为中原中也之所以对长子的离去痛到对新生儿无动于衷的地步，除了通常的父子情，还因为中原中也这个父亲其实就是个孩子，哀悼儿子的同时也在哀悼自己甚至自己的诗。长子、自己、诗歌在一瞬间都灭了。

中原中也的血肉和悲苦，最终都成了"我的骨头"。

骨头的诗

看哪看哪，这是我的骨头
充满活着时的辛苦
穿破肮脏的肉
被雨水刷得白花花
又细又长地刺出的骨尖。

它也没光泽
只徒然发白
吸雨
吹风
几分映着天空。

活着时
它在食堂的杂沓中
也坐过，
也吃过凉拌鸭芹
这么想来实在滑稽。
看哪看哪，这是我的骨头——
看着的是我？真是滑稽事。
灵魂残留，
又来到骨头的所在，
注视着的吗？

故乡的小河边，
站在半枯的草上，
注视着的——我？
以恰似牌子的高度

第一辑

骨头白花花突立。

骨头是残骸，从有血有肉到残骸，这路程有几多不堪。肉之"肮脏"，透露诗人对肉身和尘世的不满，也透露他对生命的领悟。接受世间一切之后的残骨，它的辛苦遭逢也反映着上天的荣光。骨头或许不名一文，但它的破土而出透着无法抹杀的存在感。

骨头，是中原中也这个人以及他的诗歌的重要特征。"我的骨头"是"我"的生命，对于中原中也来说，便可与他的诗画等号，因为他是将生命与诗歌合二为一的。活着时，他的友人和情敌、文学评论家小林秀雄对他的诗毁誉参半，中原中也未必不想挣脱肉身，跳到外头、站在高处来察看自己的诗。残骸不一定只是可鄙和可憎，也可以是血肉不得不消遁后，那最坚固、最难以消失的。如此一来，恰如一座高高的牌子。

诗中所谓故乡的小河，指中原家祖坟边流过的吉敷川。小林秀雄曾指出，在这首诗里，心理映像的复杂组合、色彩强烈的形容词、有独特感觉之语言的巧妙使用、瞄准难以捕获之物的努力，凡此种种全都舍弃，这首诗本身就和残存的骨头一样。

结语

  回到中原中也的处女诗集《山羊之歌》,书名有何意味?主观的意味,或可参考中原中也的生前好友高森文夫的回忆:中原中也对高森表示,一是因为很喜欢羊,出生于羊年,而山羊有角,遇危险会抵抗;二是自己有几分山羊面孔,又喜欢诗人马拉美的肖像。不过,客观说来,希腊语"悲剧"一词字源意为"山羊之歌",中原中也是否考虑到这一层,全无实据,然而这一巧合却符合中原中也的诗歌气质和人生走向。

葛藤之花
——从《补陀落渡海记》看井上靖

人的内心最深处究竟隐藏着什么,岂是旁人从外在的光影里能猜透的呢。曾有日本学者将文豪井上靖的心理特征作为研究课题,并得出结论,井上靖其实是个抑郁症患者。这样的论文举起放大镜检视井上靖的身世、成长、文本,虽条分缕析,终究是导出一个具有一定参考意义的假说而已——总有一些真实唯有上天才确知不误。井上靖以心理描摹见长,展示心灵发射的光芒,更试图解说心灵的内在构造。有圆满家庭和顺畅事业做了人生双保险的井上靖,他的内心到底如何?他的私人生活层面不为外人所知,不过,在文学创作生活方面,还是透露出他收获的不仅是成功,那些外在的成功伴生了太多难以摆脱的纠葛。

早在二十世纪七十年代末,井上靖的大名已在中国传扬。

井上靖《天平之甍》封面

《天平之甍》这部根据他的同名小说改编，反映鉴真大师东渡的日本电影，伴随中日邦交正常化的热烈气候，在中国取景、拍摄、热映。井上靖曾担任日中文化交流协会会长、日本笔会会长，一度是日本作家中获得诺贝尔文学奖的热门人选。那些年，在诺贝尔文学奖公布的十月的第二个周四，记者们总会蜂拥而至、守候在井上靖家附近。年复一年，井上靖屡屡落选，还不得不走出来发表感想，安慰一无所获的记者——这处境有些类似于今日的村上春树。

井上靖（1907—1991）生于北海道上川郡旭川町（今旭川市），成长于静冈县。昭和十一年（1936）三月，他从京都帝国大学文学部毕业；八月，入《每日新闻》大版本社。第二年被征兵入伍，四个月后，因脚气病被退。早在昭和八年（1933），井上靖用笔名创作的作品参加过文学奖评选；三年后获得第1回千叶龟雄奖。昭和二十四年（1949）他凭借小说《斗牛》摘得第22回芥川文学奖。两年后，他辞去报社工作专事文学创作。

四十岁的新秀，写不得的遗书

获得第22回芥川奖的井上靖，时年四十二岁零八个月。"小说必须从四十岁开始写。记得菊池宽说过这样的话。完全不是为了遵守这句话，幸或不幸，对我而言，结果是四十过后才发表第一部作品。"井上靖坦率地自白，对四十之后的出道，他并不觉得难为情，只是摆出事实。那时，在战后的日本，四十岁左右的文学新人也出现了几个，比如大冈升平。然而，这并非战前日本文坛的常态。以前，文学新秀多半在二三十岁登上文坛；接着要么从青春小说中成长，蜕变为成熟的作家，要么在青春小说中夭折。井上靖没有这一类青春小说书写期，他的青春存储在记忆里，成为养分。后来他书写的半自传体小说充满对青春的回忆，然而，那已是带着中年人懂得人生况味的心去反刍青春了。

从老警察那里，井上靖听说过这样的事：二十多岁的自杀者揣着遗书的不少,相反,过了四十,留下遗书的很少。年轻人对死去的方法和场所都有所选择,四十过后的则听凭那时的情形论处,自暴自弃的色彩浓厚。井上靖深受这番话触动,猜测四十岁过后的人,自杀理由错综复杂,不是能在一两张纸头上写得清的;同时,这个年纪的人会拒绝他人的理解。他认为,报纸社会新闻版一小块关于中老年人厌世自杀的报道里,四十岁之人的生之污垢在发着光,原本不可见的都在自杀的根底里躺着。梦也好,虚饰或虚荣也罢,都已全部用尽后的中年人的自杀,实在是到了最后的最后,才和人生所做的斩断。他还指出,到了四十岁,就算是从坦途上走来的人,也总有带着一封两封未能写得的遗书的感觉。井上靖进而吐露:"小说对我来说,也就是人生悔过书一样的东西。某种意义上,是写不得的遗书。别的什么也不是。"

写不得的遗书,"写不了"以及"没写成"这两层意思都可以有,总之透露了心中有曲折,一言难尽或无法倾吐。这样的遗书让人想起"雁过留声",只是,在这个语境里,留声或留书不是贪恋死后声名,而是重视远走之前的叫唤、呐喊和表达。井上靖获得芥川奖后辞去报社职务,何尝不是现实生活中的自杀;借此走入文学生活,以便写一份关于现实生活的写不得的遗书。井上靖说过,"除了写小说,我已没有感觉有趣的事"。不过,他十分多产,简直是把一份写不得的遗书涂写了一遍又一遍。

作为中间文学代表的芥川奖新得主

一方面芥川文学奖将井上靖点石成金，让他一朝闻名；一方面从得到评点的那一刻起，他就沐浴了文学界前辈疑虑的目光。评委年龄在四十三岁至五十八岁间，都是文学界的巅峰人物。评委们的意见，赞赏也好，批评也罢，涵盖了井上靖文学的特色。多数评委用陈述事实的方式客观地指出特点，而把褒贬藏于笔锋，点而不破。即便如此，他们用自己特别擅长的文字勾出心中曲折。像面对一个少年郎，少年自是有才气和特点的，是否前程光明，全看这些才气和特点能否得到适合的运用。井上靖是个圆熟的作者，在这一点上，评委们毫无异议，至于井上靖将成为出色的纯文学家还是沦为粗制滥造的畅销作家，并无共识。

芥川龙之介的弟子泷井孝作称，他把井上靖的两篇小说《猎枪》和《斗牛》读下来，明白这人是能让人读起来觉得有趣的才子。然而，报纸小说用纯小说形式来包装，他并不喜欢。《田园的忧郁》的作者佐藤春夫是井上靖的伯乐，自然极力举荐："把其他候选人员的文章全部读过，还是不觉得有谁比井上更优秀，我在会上提出了采用《猎枪》还是《斗牛》的问题，毫无异议地决定用《斗牛》。"他还表示，井上靖手法娴熟，却不是那种用技巧来蒙人的卑劣之人。三十岁时便一举拿下第1回芥川奖的小说家石川达三认为，井上"是具备优异才能的人"，有"相当巧妙的技巧"，具备将小说有趣地加以构成的技术，很可能会创作丰富，但石川不建议井上写得太多。小说家、剧作家和评论家岸田国士认为，井上靖这个作者是日本稀缺的，能感觉到其成熟和文学才能，富于常识，具备写出巧妙作品的手腕。众人推选，理所当然。他便也不敢有反对的意思。岸田国士的评点似未能敞开心扉，不敢反对不等同于没有反对意见，大家的意见不代表在握的真理，娴熟并不等同于作品的高质量。

　　日本文艺家协会理事长、小说家舟桥圣一表示，自己和丹羽文雄推荐了《猎枪》，其他委员推举了《斗牛》。《猎枪》里的彩子遗书被看作蛇足。《斗牛》没有明显缺点，然而是平凡之作。小说家丹羽文雄觉得，推荐《斗牛》最安稳。井上靖已是完全成熟的作家。没啥可说的，也没什么诧异。小说家宇野浩二不同意报上所谓评委一致评定井上靖的《斗牛》的说法，因为他一个人提出了反对。他还直率地指出，《斗牛》是不错，然而人物不是按照自己的意志，而是按作家的考量来思考和行动的。大众小说风的趣味再夹杂一点艺术味，这让他一点也喜欢不起来。

　　小说家和评论家坂口安吾觉得井上靖是个"俗才"，换言之是对世俗的人情世故很通透的人。作者对人的看法和把握缺乏深度和新鲜感,《猎枪》不可取。往《斗牛》的方向伸展,会写出更有力的作品。文坛泰斗川端康成推荐了《斗牛》,"然而,推荐《斗牛》并无多大的感动和冒险。总有些用常识打发掉的不过瘾残留下来……对少见的故事情节的搬运,对配角种类的处理方面,作者呈现出鲜艳的写法,与此同时,对主人公的性格、心理及恋爱的写法里,终究是看起来鲜艳,其实残存着动摇和晦暗,这或许反而能保证作者的未来"。

这些评语读来有字里行间的微妙,文学和人生的微妙。如同物事是一枚硬币的两面,一些道路走着走着就有分叉的小径。未来到底通向哪里,有模棱两可的预兆。点评不凭空说话,有支持观点的充分理由,捍卫着各自的主张。在文学面前,评委们的良心和骨头都在。

井上靖在那一年当选不能说开了什么后门,虽然他的作品凭借实力在参赛前已得到佐藤春夫的赏识。佐藤春夫是委员会举足轻重的人物,井上靖具备天时、地利与人和。他被所有评委看作具有强大计算和构成能力的作家,善想象,善布局。就是说,他并非依靠描摹事物成文,而是靠想象及推算来制造作品中的世界。这种方法,在以私小说为传统的现代日本文学界,并非主流和正道。

评委们都看出井上靖圆熟的书写手腕。技巧和圆熟究竟会引向更好的文学还是粗制滥造呢？评委们对井上靖的疑虑，焦点在于对报纸文学和中间小说的疑虑，小说是靠技巧、靠情节，还是靠圆满的鲜活的人物和诗意取胜？可以说，评委们的争议是过去发生过的一场争论的延续。和奖励大众小说的直木奖不同，芥川奖全名芥川龙之介奖，毕竟是对于纯文学新人的选拔，是最重视纯文学价值的。

关于小说情节的争论

昭和二年（1927），芥川龙之介和谷崎润一郎就文学的价值基础展开了争论。芥川批评谷崎追求"情节的有趣"，芥川则推崇"诗歌的精神"。

谷崎在《改造》杂志第二号撰文自称，近年来，对古怪、有邪气的东西，对材料的构建更有兴趣，而不是对写实。芥川因此质问，这样的小说里的东西是否真谈得上艺术。谷崎认为，这是构造的趣味，是建筑的美，因而不能否定其艺术性。芥川批评谷崎对于俗世的需求迎合得过于积极，强调文学不能没有诗歌的精神。他重申文学和报道不同，纯粹的文学不能有通俗的趣味，纯粹的文学具备诗的精神，超越事件、时间，能拉住人心，并且，那样的文学才有艺术生命力。

然而，这一争论的出现其实是刚刚逝去的大正末年文坛现象的反射,当时通俗文学日盛,纯文学的地位受到严重威胁。芥川的观点并不能改变文坛的流向,就像时代已不可逆转地从大正走进昭和,车轮滚滚向前,纯文学作家能奈之何。

和芥川龙之介持有类似看法的当时不乏其人。大正十三年(1924),文艺评论家千叶龟雄论及文艺和民众文学的倾向时说,通俗艺术不仅看起来随意、混乱,而且大多十分幼稚,读物作家的作品对事件、性格、自然性等不加考虑,只热衷于炫目的情节、奇怪的事件和变化,有了这些就能被唤作一流的读物作家了。第二年川端康成就当时文坛的状况也提出批评,指出文字的读物化倾向严重,中间杂志势力正不断扩大,纯文学和通俗文学的界限开始模糊。纯文学也在模仿通俗文学。此外,佐藤春夫也发声捍卫纯文学阵营。

呼吁归呼吁,事实是,那时文学中的商业主义已经显在。报纸小说基本被通俗小说垄断。报纸读者需要通俗有趣的故事,报社则迎合读者的需求。在芥川龙之介等纯文学作家看来,无论创作诗歌、散文还是小说、戏曲,诗的精神的有无始终是衡量文学作品最重要的指标。一时的繁杂和喧闹都是过眼云烟,有诗意,才有可能跨越时代。

在纯文学作家和大众读物作家对立的目光下,私小说和报纸小说呈现出对立关系。私小说早前走过了一个被批判局限于个人经历,到被推举为日本小说正统的过程。对私小说的推举其实不是要拘泥于写个人琐事,而是强调源于生活的创作,强调对生活经验和原型的重视,反对毫无生活根基的凭空捏造,就像画家心里具备要描摹的实物才能画出神采。

回到井上靖的芥川奖参评作品,评委们指出其中存在精巧构造,存在计算,存在人的行为不按人物自身规律而是按作家的意志行动和说话,存在想象出的人物由情节硬性拉出等问题。换言之,井上靖携带了通俗读物的特征。确实,经典纯文学作家对细节大多有精准把握,写农民,仿佛自己曾年复一年地播种收割;写渔民,又好比自己曾日复一日地撒网捕鱼。这与自然或现实主义的写法无关,也不是提倡事无巨细的罗列,而是说笔墨所至足以让人体会到水下的冰山。通俗读物作家则容易在生活细节前虚晃一枪便无心恋战,因为他们对生活内部的事件和人物很可能是雾里看花。

井上靖和通俗文学及纯文学都有关联。这个在日常生活中被大家唤作绅士、和谁都能交好、受到不同文学派别的师长提携的人很想成为诗人,在当诗人或小说家之间动摇不已。这不奇怪,很多文艺界人士都有隐秘的诗人梦。只可惜井上靖的诗作比较平常,但他对诗歌的热情应该能证明他对诗意的重视。另一方面,他所书写的小说,从题材到内容,都和通俗读物不能彻底脱开干系,被称为中间小说的上品之作——因为他的小说比之一般的中间小说略高一筹,有清雅的古风和情操的深泉,是诗歌和物语的结合。尽管如此,关于大众小说或纯文学小说,历史小说或现实小说的诘问,始终像一双看不见的眼睛刺在他的后背。

在媒体发达的现代社会,作家因为迎合大众和媒体需求获得曝光率与知名度的不少。作家也面临这样一个悖论:迎合外在需求还是跟随内心的指针?遵从媒体及外界趣味,有偏离纯文学的危险;一旦成为媒体的产物和宠物,随时也可能被喜新厌旧的媒体抛弃,到那时,和文学之路背道而驰业已良久。当然,在现代社会里,小说反映社会现象,自身也成了社会现象,它难以独善其身,而往往早已成为商品及社会表演的一部分。

被日本文学界看作中间小说代表作家的井上靖在报社任职多年,深知媒体运行规律。在他最活跃的那些年里,已有人质疑中间小说戴着纯文学的面具惑人。简单地认为老一代人保守或新文学堕落都有失偏颇,新旧社会环境中文学和大众的关系、文学的功效、作家的心境和追求都相差甚远。不可否认,过去的文学可以成为一个支点,一个在力量上撼动地球的支点,一部小说能改变一个人生。后来的小说则越来越被强调趣味性、消遣性、刺激性。这在很大程度上透露出旧的一切的式微,但还不足以证明旧的精华已然崩坏。作家岛崎藤村说过,新事物产生时,旧的必然坍塌。把他这句话反过来说便是,旧的若没有崩坏则证明新的并没有真正树立。出现在川端康成等文坛元老面前的风景是,新的来了,也摆出批判旧事物的姿态,只是它们凝成什么、引向何处,看不到也看不清。旁观者如此,新作家们自己也并不明白,甚而对此并无深深的关切。他们更关心当下,在当下,自己是话题人物和出版宠儿。所谓写作便成为在个人才能和周围要求的夹缝中的一场表演,迎合周围的要求成了很多人难以摆脱的潜意识。井上靖的作品很多,但被认为看不到明显的突破和发展,也未能摆脱中间小说之上乘之作的标签。而从通俗文学日益盛行,普通读者和出版界简直无意留心纯文学和大众文学的区别,而更在意畅销性的当今情势来看,井上靖当年所遭到的质疑简直称得上是一种苛求了。

从《补陀落渡海记》看井上靖

昭和三十六年(1961),井上靖在《群像》十月号发表了短篇小说《补陀落渡海记》。小说在第二年收录于短篇小说集《洪水》,由新潮社出版。这一圆熟期的佳作包含了井上靖作品的鲜明特点,摘得芥川奖时所获得的评语,像一块深刻的烙印也打在这篇小说上。

"补陀落"是印度南部的观音净土。熊野的补陀落寺和日本南方的不少寺庙一样有此信仰,认为乘船出海能漂流到极乐净土。渡海船无舵无桨,船的四面有鸟居模型,称发心门、修行门、菩提门和涅槃门。船的主体是个木屋型箱子,箱内会配置几天的食物和灯油。伴随船将渡海船拉到海上。其后便任由渡海者漂流。行者被封在木箱里,有的会被绑上石头,以防意志不坚。

永禄八年(1565),六十一岁的补陀落山寺住持金光坊被期待像先前的三代住持一样渡海。他也被迫发出渡海宣告,内心却不得安宁。出海后,他撞破木箱漂至小岛。僧侣发现了他,将他重新塞入新船,卷入滚滚海潮。金光坊因为有贪生表现,未能和以往的渡海行者一样获得"上人"称号。打那以后,活着的僧人渡海改为病死或老死的僧人往生。井上靖的《补陀落渡海记》就是写金光坊的渡海。

小说据《熊野巡览记》《熊野年代记》等熊野地方补陀落渡海的记述及其他民间传说创作而成。井上靖到熊野采访,当地文化人提供了独家资料,也讲述了口头传说。金光坊的故事其实只有寥寥数语,渡海年份更是无人知晓。因为金光坊之后再无活人渡海,而据史料记载,从清云上人开始的渡海都改为僧人圆寂后的往生,金光坊渡海的时间据考证,应在文禄、庆长、宽永年间。

永禄是日本的一个年号,在弘治之后,元龟之前,即1558至1570年间。一向被称为用脚书写,以实地考察,研究和尊重历史出名的井上靖,弃用更符合历史考证的年份而特意延期到永禄八年，不是一个随机决定，而是经过仔细推算后的处理，完全出于小说表达的需要。井上靖要烘托一个被迫渡海的处境，让那逼迫金光坊不得不渡海的舆论有成立的可能。这一年，金光坊必须见证过几代住持和其他合计七个行者的渡海。井上靖选择在历史记录里未写下明确渡海年龄以及《熊野年代记》里记载的几个行者。种种考量，永禄八年成了最合适的时间。所以，这个短篇小说是经过精密计算的主题先行的故事。

芥川奖评委宇野浩二曾点评井上靖的人物是根据作家的思考在行动，人物塑造相对扁平。文学的一切，初看都离不开作家的思考，一切语词、人物和情节的安置都是作家的选择。只是人物若根植于生活的真实土壤，便具备比凭空编造的故事更合理的逻辑和更丰富的血肉。人物可以虚构，必须虚构，虚构的人物若有生活的底子，哪怕不过是一口呼吸，一缕发香，也会比单纯的空想更天然，更有生命力。如果主题先行，或是作家需要人偶按照自己的意志行动，进而费力拼凑出形象和行为来，总不免僵化和生硬。金光坊这个人物从先天看也是个人偶，井上靖要用自己的手法吹出气息，让金光坊活起来。

在《补陀落渡海记》里，井上靖使用的手法还是他最擅长的心理描摹。他创作历史小说时常常借心理描摹绕道而行，如此便不必受到历史生活细节的限制，因为历史人物和现代人物的人性和心理距离并不遥远。

与其说情节一波三折,不如说《补陀落渡海记》的人物心理一波三折,出彩的是心理的迂回跌宕。情节已没有掀出大波动的可能,在那个舆论力量强大之地,金光坊不可能逃脱渡海之结局,作家无论如何也无法波折到渡海这一情节之外。

最初,金光坊将渡海看作可憧憬的梦,他期待某一天能企及高僧的心境,能心甘情愿地渡海,然后沐浴荣光,但完全不是眼下。眼下全无这样的意愿和能力。其后,因为各方人士对他的渡海的等待,他一心想得到谅解。然而方方面面已多到无法一一求得谅解的可能。若不渡海,势必让信仰蒙上灰尘。他不得不宣布渡海。第三,先前的渡海行者的情形和面目走马灯一样浮现,让金光坊看到这些人不同的心境和渡海内情。或厌世,或重病,或癫狂,总之,没有一人真正怀抱补陀落信仰。金光坊十分震惊而鄙夷。第四,对先前的渡海行者,从不屑到接受到艳羡,接受那些面庞,希望自己能带着那样的面庞出海——其中任何一副都行。怎奈,金光坊连他一度看不上的人所做到的心理建设也达不到。第五,比预想的还快,已到渡海之日。金光坊腿都软了,内心充满愤懑。第六,出海后,金光坊以身体撞击木板,得以冲破木箱逃出,被海浪冲至小岛,以为死里逃生。第七,伴他出海的人因为风暴滞留于岛上,发现了他,重新弄来一条小船,把他死死地钉在木箱里,再次推入大海。此前金光坊求他们救他,他们只当没听见,唯有一个小僧人让他写下最后的话:"蓬莱身里十二栖(楼),唯身净土己心弥陀。求观音者,不心补陀,求补陀者,不心海。"

金光坊最后的话中,"十二栖"据说是"十二楼"之笔误。大意是说:我在蓬莱熊野修行,阿弥陀佛与极乐净土都在我心。信奉观音,未必要去补陀,想求补陀,为何非用渡海的形式。这是金光坊渡海前最后一层心境。

小说选择了金光坊这个虚构人物为切入口,时间是这一年的春到秋。往事靠金光坊的回忆。应该说渡海事件不过是表象。很多时候,人们做一件事,表面看如此这般,却总有内情。就像史上的渡海行者各有各的内情,外在形式却都是渡海。对永生的憧憬,对现世的留恋,对死亡的恐惧,对未知的不安,这些似乎能靠念经等方式跨越的,结果都难以跨越。肉身经不起拷问。除了自己,更有社会舆论之力,让人生不能由己,死亦不能由己。世俗和他人可以劫持信仰,自己的心也朝夕可变。

人生和命运的虚幻是井上靖经常表现的主题。《天平之甍》的主要人物都被笼罩在命运翻弄下,同时在一定程度上传达了积极、奋争的声音,无论一人还是一时,无论荣睿、普照、业行,甚至鉴真本人的言行,都透露出命运无边也巨大,人弱小更坚韧。《补陀落渡海记》中的悲观无力则更为彻底。人的愿望在大海另一端的观音仙境,没有谁曾亲见,并从那里返回。也没有谁能彻底否定观音净土信仰,只是自己的信仰并不坚定,对能否抵达也毫无自信。

"翌桧"的期待

井上靖有一部半自传体小说《翌桧物语》,从大正时代主人公的小学阶段写起,到中学、大学,当记者,日本战败时期等。"翌桧"(罗汉柏)希望能成为比自己更高更大的桧(日本扁柏),这么期待着,但无论如何成就不了——是有着哀伤之美的小说。小说述及和几位女性的相遇,不乏青涩情感,但最重要的还是书写了成长的苦痛,书写了未来的不可知、不可控所带来的压力。这苦痛不光是男主人公一人的,小说中登场的其他男男女女或多或少都有。期待存在,而命中注定的期待无论如何永不能实现——虽然期待不尽相同,人们痛苦的程度以及为期待付出的代价却难分高低。

总的说来,井上靖书写自己的生活较少,据说为了避免对周围人的伤害,他更喜欢从历史故事及社会新闻里,挖掘能寄托自己观念的人物。历史故事和社会新闻本是作家获得灵感和材料的渠道之一,然而,井上靖也面临一种诘问:在不同的故事和资料背景图前,站立的始终是井上靖。换言之,他把自己乔装在历史和新闻里,一遍遍讲述本质相同的故事。内里相同,故事是改头换面的包装,这也是不少流行小说和报纸小说胎里就带下的病。比如琼瑶小说，就有不少是类似的故事，文本有足够的消遣性，点缀些古体诗文来添雅趣，吸引了一大批读者一遍遍地过把瘾。

在《补陀落渡海记》里，金光坊起初最渴望的状态是有那么一天，在信仰上抵达喜乐渡海的境界，如期来到观音净土——这是金光坊的成为"桧"的烦恼。

成为"桧"的苦恼，井上靖本人未必没有。纵然著作等身，声名远播，但还是推不开质疑和怠慢：报纸小说还是私小说，大众小说还是纯文学小说，历史小说还是当代小说？为何要写外国，写中国？是否因为现代小说难以得到好评才转写历史小说？等等。井上靖坚称，对他来说，现代题材和历史题材，在创作上并无根本差别。然而，客观地看，井上靖写历史小说，会对不少生活细节一笔带过，好比京剧做派，转一圈已到庙前，扬一鞭已是十里。他创作历史小说时也饱受资料有限之苦，换言之，细节与生活的原材料是不够的。在报纸小说和私小说、大众小说和纯文学小说、历史小说和当代小说的夹缝中生长，是他的选择，他的长处和短处，他的特点和宿命，也是他的孤独、理想、写不得的遗书。当然，对"报纸小说"的微词失之偏颇，报纸小说并不等同于通俗和劣质小说，不少高质量的小说就是从报纸连载开始的。

晚年的井上靖说过这样的话："年轻时，我写过题为'旁观者'的诗。其后五十年,到如今,除了旁观者便什么也不是。大致说来,哪怕是对于自身的快乐、自身的悲哀都没做到认真。与其说是没做到,不如说是做不到……必须快乐的时刻,在遥远的过去。必须哀伤的时刻,也一定是在遥远的过去。明明如此,那时却既没去快乐,也没去哀伤。"井上靖觉得,事到如今,再与快乐或哀伤这类想法对应,特别像是和作了战争的里子的青春虚幻相撞:"生也好,死也罢,快乐或是悲伤,都不过是骰子打滚。"

青春的创伤显然无以平复,青春时代蒙受战争风云,这是外部大世界造成的伤痛;而在私人小世界里,井上靖从小被父母交给祖父之妾照管,一度只能和家人短期团圆,由于父亲赴台北就职,再次被送至其他亲戚家寄宿。孤独和动荡是挥之不去的影子。这样一个少年人,在他必须哭泣时没有可撒娇的人与环境,必须快乐时又因长期孤独而不能从心底感受快乐。错位而不曾彻底开放的青少年期,像一个花骨朵儿,没得到适时、适量的雨水和阳光。井上靖被心中的纠葛缠绕,而他的文字,就像是葛藤开出的花儿。

大阪的"花暖帘"
——山崎丰子的船场故事

从旧制京都女子专门学校（今京都女子大学）国文科毕业时，她未必料到，自己日后会成为著名的畅销小说作家。

大正十三年（1924）生于大阪，本名杉本丰子的山崎丰子，昭和十九年（1944）大学毕业。进入《每日新闻》大阪本社学艺部。学艺部负责生活、文化、演艺等内容，当时的副部长便是井上靖先生。井上靖很快便发现山崎丰子的才华，鼓励她进行文学创作。她在紧张而繁忙的采访工作之余，利用周日写作。昭和三十二年（1957），推出处女作《暖帘》，引起轰动。次年更有小说《花暖帘》一举摘得直木奖，当时她不足三十四岁。从此，山崎丰子做起了全职作家。山崎丰子最为人瞩目的作品是那些社会小说，如《白色巨塔》《不毛地带》《大地之子》《不沉的太阳》等。但她的文学创作出发点是在旧大阪的商业中心：

船场,她一度聚焦的是那里的暖帘,她曾以为船场里就有写不完的故事。

从"暖帘"到"花暖帘"

"暖帘"本是给屋内挡光、防尘,并在一定程度上遮断外人视线的帘子,后来演变出招牌的功效。它出现于平安时代,以无色和白色的为主。镰仓时代始植入图案,传达信息。到室町时代,商家添入自己的想法。进入江户时代后,百姓中识字人口增多,图案之外,暖帘上有了文字信息,颜色也多样化了,材料则从麻布转为棉布,染色更方便了。暖帘颜色其实很有讲究,蓝色的主要悬挂于酒店与和服店,白色的属点心店、饭店及药店。所谓"花暖帘"则是小剧场门口挂着的长暖帘,上头有演员的家纹,是演艺世界的象征。在大阪这个商业都市里,暖帘被看作商家的灵魂。

山崎丰子的《暖帘》就是一对父子捍卫自家暖帘的故事。原型为山崎丰子的娘家、从事海带批发和销售的小仓屋。小仓屋是嘉永元年(1848)创业的老店。昭和二十年(1945)大阪大空袭中,小仓屋和很多商铺一样被烧毁。《暖帘》是一部大阪商人史,是视暖帘如命的父亲和懂得顺应时代的儿子这两代人的故事。《暖帘》更是对空袭后丢失的昔日船场的哀悼,是

山崎丰子《花暖帘》封面

作为船场女儿的山崎丰子多次表达的——"将船场精神传达于世"这一使命感的体现。需要补充说明的是，小仓屋被毁后一度在别处择屋复业，再后来在原址重新开张。与《暖帘》相对应，《花暖帘》的主角是一位女性，讲述的是未亡人多加创立暖帘的故事。多加这么一个在逆境中奋进的女人，原型是从事演艺经济业务和电视等节目制作的日本娱乐王国"吉本兴业"的创业者。

第一辑

作为"御寮人"的女性

《花暖帘》的女主人公多加独立而自强,初看说得上现代;细看则可知,多加的一言一行和女性的现代并无关联,哪怕表相仿佛,实质却背道而驰。她是船场特殊商业结构的产物,归根结底,船场的家和买卖从来是不可分割的。

船场是如今的大阪中央区内,一个东西约一公里、南北约两公里的区域。在江户时代已是商业中心。为长堀川、西横堀川、土佐堀川、东横堀川环绕的船场是富商云集之地。

米店的女儿多加嫁到和服批发店河岛屋。河岛屋是多加的公公在明治十年前后于西船场创立的。岂料公公猝死,多加的丈夫吉三郎不得不接班。吉三郎本是个爱玩乐的浪荡子,在生意上既无心更无力,河岛屋负债累累,很快濒于破产。

多加鼓励丈夫不如将他喜欢的曲艺作为生意。她四处筹集资金、物色场地。明治四十四年,"天满亭"开张,吉三郎三十四岁,多加二十五岁。在夫妇俩特别是多加的苦心经营下,"天满亭"逐渐有了人气。刚刚可以喘息,丈夫便养起了外室,不久,在和小妾的床笫之欢中死了。多加从此一心从商。后来她不断扩大生意,登上了事业的通天阁。

勤勉能干的多加是典型的船场商家的女主人,所谓"御寮人",这样的主妇在商业经营上享有权威。

船场集中了很多同业人员，比如道修町里多药商，本町是和服商的地盘。住家和商家连在一起，职员有包吃包住于主人家、由主人照顾前程的；也有领工资上班的。学徒正式学生意之前，先要花费好几年，在女主人的教授和管理下，学习商家的家风、礼仪和杂务，比如节俭精神就需要特别加以领会。

　　在船场经营模式中，家和生意并没有明显分化，追求家族利润则始终居于第一位。因此，虽说原则上是家父长制，是男尊女卑，会赚钱持家的女性还是会受到重视和尊敬。出于维护家业的需要，让女人成为家的主导，母亲传给女儿，儿子反而去了分家的情况绝不少见。船场商家会招上门女婿——或为门户相当的人家的次子，或为自家的大掌柜。这样的女婿虽忙于经营，女儿血统纯正的权威却不容损害。为家族的繁荣，延续数代的女系家族也不在少数。可以说，船场实行的对养子和上门女婿的挑选对感情基本无视，完全出于实用。船场女儿浸淫于这样的氛围，觉得为家族做牺牲实乃天经地义。一个人因为出生而被赋予使命，是悲是喜全看当事人的价值观了。

　　在船场环境里出生和成长的多加若有追求，也只能是为家族而非个人价值，她所奋斗的依然是家族商业竞争力的存续。

第一辑

穿白色丧服的女人

　　白色丧服是在多加的丈夫去世后出现的。并无铺垫,读者读来突兀,多加本人及其亲友看见这衣服,也是吃惊不已:"不知什么时候,这件白色丧服就上了身,她自己也说不出理由。"
　　这一身白色丧服在船场有着特殊含义,意味着女子从此和婚嫁无缘。这个连多加自己也说不清缘由的行为,不存在感情的必然性。处于芳龄的多加与那位在情感和生活上从未靠得住的丈夫,谈不上有多恩爱。不过,即便可以抹去感情,却无法推开生存惯性。自我身份的维持可确保周围的支持和立身的安稳。白色丧服成了多加作为船场女性的自我认知的佐证。要让她将血肉之躯和角色连带的社会资本剥离开来几无可能。于是,穿上白色丧服的行为看似突兀,细究便更像御寮人命运的必然:在无意识中,多加自愿被角色捆绑。用现代眼光看,美其名曰的"船场精神"里,存在着传统思维对人的自主精神的控制和侵略。
　　在《花暖帘》这部细节绵密而不乏情绪的红粉商人成功传的最后,穿白色丧服女子的影子又闪现了。那一帧短促的镜头里有说不清、道不明的情绪。那时,藏在内心深处的,多加暗恋的男人和最爱的儿子都已死去。在奄奄一息、神志模糊时,多加看到体内衍生的,曾决定自己大半生的着白色丧服的女子的影子——成全是它，哀伤是它。

个人意愿和船场家族意志的成分比例实难考证，并且这两者难以剥离。比较明确的是，多加生在船场，嫁在船场，正如山崎丰子在另一部船场小说里所言：出生在麻烦的家族里，有一个麻烦的命运。

白色丧服着实古怪，它是娘家准备的陪嫁之一。陪嫁物原本要表达夫妻白头之美意，却非要用一套丧服来强调无需改弦更张——可以说相当惊悚，也足见船场文化的沉重。白色丧服好似娘家人对女儿的督促：生死都会在同一片暖帘下。给多加披上白色丧服应该说是山崎丰子的神来之笔。这一笔里有浓厚的文化和象征意味，只可惜山崎丰子并未细细晕染，而让它真就像鬼影一样一晃而过。

大阪方言小说

《花暖帘》获得直木奖时，井上靖速递短信一封给山崎丰子："祝贺，桥烧了。"言下之意，已破釜沉舟，再无退路。不久，山崎丰子辞去报社工作，专心写作，起初，她继续书写船场，也尽情运用了大阪方言，特别是船场语言。

说到方言，日语的书面语和口语的差别由来已久。到明治时期，会书写的人增加了，书面语和口语的差别越发扩大，中央集权近代国家的建设也要求语言的交流更统一。于是，近代日本推行言文一致运动，也推出了国语。明治末期，书面语和口语基本一致，不过，被选中的口语是首都东京一带的方言。关西方言则在文学中给边缘化了。边缘化不代表被彻底扫除，比如大阪人织田作之助于昭和十五年（1940）推出的小说《夫妇善哉》，其中，男主人公有船场背景，女主人公在大阪南部做生意。小说对两处的风俗都有生动体现，是运用大阪方言的杰作。

大阪方言洋溢着人情和风俗，一般给人有趣而热闹的印象。不过，大阪的庶民语言也会给人不够严肃的说笑感，特别是说唱艺人的运用，更给它添出一份滑稽。一些关西出生的作家觉得，用大阪方言会改变整个文章的味道。东野圭吾就曾表示，将大阪方言文字化意外地困难，一采用大阪方言，即便最初没那打算，也自然而然会走成搞笑路线。不过，东野圭吾在《幻夜》中让美冬使用了大阪市民方言，特有的节奏和力度非但不搞笑，还赋予了美冬一种特别的说服力。

大阪方言有区域和阶层的差别，除了美冬那种市民方言，还有最优雅的船场语言。船场语言是商人对客人使用的，讲究礼节的周到，讲究圆润，采用对方视角，以对方为中心来表达，又透露着金钱感，被看作是上品的语言。

因为关东大地震而在三十七岁移居关西的谷崎润一郎对关

西方言很是着迷。他遇到第三任妻子松子后,更以松子家的船场背景创作出《细雪》等作品。其中采用的就是大阪上流阶级的船场语言。谷崎润一郎在散文《我眼中的大阪及大阪人》中提及大阪方言的特点,认为东京女子的声音,好也罢、坏也罢,是长呗(江户音乐)三味线的音色。调子也好听,但没有宽度、厚度及圆润度,最要紧的是没有黏性。说话精密而明了,文法正确,却少了言外的余韵,不够含蓄。大阪女子的声音是净琉璃(说唱叙事曲艺,多用三味线伴奏)或地呗(以京都和大阪为中心的关西三味线音乐)的三味线,就算调子高昂起来,声音的内里还是圆润,有光泽,有味道。

而在《花暖帘》中,利用方言,特别是船场语言来"绘声绘色"的段落着实不少。比如多加和一流的曲艺表演场(日语称"寄席")金泽亭的老板谈收购。年轻精明的女商人和年近七十而老奸巨猾的男商人用大阪方言讨价还价,柔软而热烈的言辞里,包裹的是步步为营和针锋相对。几番回合,彼此才终于拨弄起算盘。

船场语言也不单表现女性的细致、周到和婉约、优雅。在另一部船场背景小说《女人的勋章》里,山崎丰子让男主角银四郎使用的船场语言,既上品也锐利而有力,如同刀割。

和前述其他大阪方言小说相比,山崎丰子的《花暖帘》显得另类。对于花暖帘内表演着的落语艺术本身,山崎丰子是个外行,她也无心展示落语这一民间语言艺术的精髓和滋味,而把重点放在女商人兴业史上。小说充满绵密细节,信息量庞大,这和记者生涯赋予山崎丰子的"鬼"一样的采访力相关。可这能力也带来副作用,以致《花暖帘》总有报告文学的色彩,对主人公心理的挖掘远远少于对其事业开拓的铺陈,人物就难免扁平起来。山崎丰子在心理可描画处一再滑过,比如在多加的丈夫猝死后,多加匆忙赶到小妾家的场景里,也只有"她被嫉妒和愤怒侵袭"这么空洞的一句,而不是像纯文学作家通常会做的,避开概括性词语、具体呈现愤怒和嫉妒的肌理。对多加中年后的情感波澜,山崎丰子提起了又语焉不详,躲避正面碰撞,多加的情感世界到底还是抽象。《花暖帘》终究是一部商业帝国女帝王的诞生史。如果说井上靖是一位公认的心理描写高手,他的旧部下山崎丰子看来走了另一条路,她更喜欢用事实和数据说话。动词多,时常有一连串,连珠炮一般,就把许多事一扫而空了。这座山爬过,那道坎越过,然而能抵达人心深层的感动被过滤了不少。繁多的信息让山崎丰子快速处理,十分干练却未免着急,缺少更文学的节奏。

说到节奏,山崎丰子和谷崎润一郎都叙说船场故事,节奏却完全不同。后者的缓缓近乎沉闷,仿佛季节之改变,不易察觉又自然推移。徐徐变换间,四季和一年又一年间凸显惊人改变,没有逆转的可能——情感和状态莫不如是,小说里的人、岁月和感情都沉浸在这缓缓的奇妙节奏里。小说的重心在于人的心境和关系而非生意。

如果说织田作之助注重市井风俗和人情，谷崎润一郎从个人的感性出发，瞩目视觉之耽美，那么山崎丰子的"花暖帘"是从新闻采访和报告文学的胚胎里培养出一个市井故事会，她的重点更在于事件，相比较而言，和纯文学的距离也是很远。

尾声

山崎丰子后来不再写船场故事，而将视线投向社会问题。一说，那是因为她怀抱深厚的暖帘思想，暖帘有"本家"和"分家"之说，战后日本仿佛是本家的暖帘让美国夺走，无论怎么写，其实都再无书写暖帘的可能。

处女作《暖帘》通常被称为七年磨一剑的结果，山崎丰子对此有不得不说的话：拖了七年是因为报社工作繁忙，唯周日才用于小说创作。有无才能另作别论，七年以同样的姿势、同样的热情持续做一件事，自己的忍耐力能得到肯定的话，内心最为欣慰。

昭和三十三年（1958）一月，山崎丰子在《中央公论》月刊连载小说。连载预告发表时，不少人都认为实在是太快了。有人忠告山崎丰子要沉下心去创作。处女作花了七年，突然间，一个月要写满三十页稿纸，她本人也被无法做到的恐惧感所袭击。推托了半年，也是迟疑了半年，在井上靖的鼓励和《中央公论》的诚意下，她才终于接受。这才有了《花暖帘》。

山崎丰子自述，曾有人提及，现代小说家在媒体连载作品，不外乎三种下场，一是利用得当，给自己造出了声势。二是利用之后轰然坍塌的。三是坚持了自己的节奏。山崎丰子本想选择自己的节奏，可深谙媒体的她也认为，媒体是急性子，三年不连载，就不会登你的作品了。

擅长做深入详细调查的山崎丰子几乎将一半的时间和精力用于收集和分析资料，另一半用于实际写作。船场是她观察人性的最初现场。昭和三十八年（1963）开始连载《白色巨塔》则以大阪大学医学部为原型，描写医院和社会矛盾。此后，《不毛地带》《两个祖国》《大地之子》所谓战争三部曲将视线从大阪扩大到更宽广的所在。无论写船场还是别的，她多以实际社会事件和人物为基础来创作，聚焦人的欲望和罪过，塑造热血男儿。直到平成二十五年（2013）去世，她勤于笔耕，获奖无数。从某种意义上来说，她也树立了一面小说的花暖帘，一面山崎丰子的花暖帘。

生命的泥之河
——宫本辉心里的一条河

宫本辉的早期名作、1977年问世的小说《泥之河》,以大阪安治川附近庶民食堂的男孩信雄与船屋男孩喜一相识、相熟又离别的短暂交流为线索,穿插了信雄亲见和听说的死亡事件,性意识的萌芽和挫折,对周围成年人的战争创伤和人生况味的懵懂感受。

昭和三十年(1955)是日本战败后的第十年。次年的日本经济已超过战前最高水平,日本经济企划厅发表的经济白皮书称"似已不是战后",正式宣告战后复兴的完成。这也是日后日本高度经济成长期的发端。昭和二十九年(1954)十二月到昭和三十二年(1957)六月被称为神武景气。

就在神武景气前一年的夏天,作为小说舞台的泥之河杂乱而破败。河边的一家供劳工填肚皮的简易食堂里,食堂开张以来的第一个客人也是后来的常客、一位拉马车的男人吃着刨冰。

食堂主人的儿子、八岁的信雄盯着马车夫古怪的耳朵,马车夫的耳朵带着战场上的伤痕。马车夫喜滋滋地告诉大家,下个月就买二手卡车了。几分钟后,这人拽着马车上桥却怎么也上不去;在人流和车流中,马儿打了个趔趄,装满铁屑的车翻了,他被压死在自己的车下。

这是马车和所有落伍者将被淘汰的时代。在这为新兴繁荣所遗忘的角落里,也传来了电车和其他的噪声。噪声却被看作经济成功的节奏和现代的音调,弱者拼死拼活地希望幸存却还是会被碾压。宫本辉写出了一个味道醇厚、声音错杂的开头,初看平静又温馨但很快有惊雷炸起。八岁的信雄和他的父母目睹了马车夫死去的惨烈一幕,对孩子来说,是对人生无常的第一印象。对身为父亲的晋平而言,受到的震撼巨大到让他不得不重新思考生和死以及日后该怎么活着。

心里的河川

与河川相关的字眼很多,如随波逐流、污泥浊水、逆流而上、川流不息。河川是和生命及命运关系密切的象征,分为主流和支流。无论如何,信雄家和喜一家都是支流上的,被他人忽略的存在。

宫本辉说过,有一些支流人们通常看不到。不过这一个支

象牙的船，白银的桨

宫本辉《萤川·泥之河》封面

流和桥梁汇集之地意义重大,是故事的舞台,也是小说及小说家宫本辉令人惊艳的亮相。宫本辉为小说营造了一个意味深长、现实与虚构并存的空间:

堂岛川和土佐堀川合二为一,易名安治川注入大阪湾的一角。在这河与河交汇之处架着三座桥。昭和桥和端建藏桥,而后是船津桥。低头看那漂浮了稻草、木屑和烂果而缓缓流动着的黄土色河流,一辆旧了的市营有轨电车慢吞吞地通过。

两条河、三座桥的交汇处预示了人的相遇和分离,这不是傻瓜式的摄制。它是旧日景观再现,却因为巧妙的聚焦和取景,给出了无声的暗示,为后续故事定出了底色。在这穷困废墟和新兴城市的交界处,电车代表现代化的一切,烂果子及黄土色河水连接的是污浊又被人唾弃的阴暗面。喜一的母亲做暗娼维持家用,喜一家的船不是正常的生活世界,喜一和姐姐银子不能上学,被隔离在社会正常秩序边缘。信雄一家做的虽是清白营生,也是下层草民。水边故事沾上了河水的流动性。喜一一家因为母亲的情况而在各地被驱赶,在哪里都无法久留。在喜一家的船屋里,信雄感觉到摇晃,像是缺乏依靠。信雄家有着固定住房,但因为餐饮店里来的都是客,过后不思量,难免流水之感。喜一家的船最后继续漂流,而信雄家也卖掉了食堂,即将移居空气新鲜也会下雪的新潟。

　　宫本辉自述，他于1947年生于神户，直到三岁都在那里生活。那是从阪神大地震变成火海的地方开始，往山的那一边走上一段的地方，看得见海。六甲山系阪神一带的风景，成为他记忆的出发点。1952年，全家迁居大阪，他进入曾根崎小学学习。"借助河川三部曲，与人的相逢、与风景的相逢绝非偶然的我的认识变成了血肉。幼小的我走过的大阪城郊的河川一带；没有可依赖的亲戚的富山的短暂生活；父亲离世后，为了吃饭一边拼命，一边怠惰地在欢乐街彷徨的日子……来回于很多场所，和难忘的人们交汇的三段风景，而今已是幻景一样，且近且远地闪烁。"宫本辉这样评价幼年、少年和青年期体验过的河流的意义："三条河换言之给予了我三种教育。而且河流虽说是三条，其周围其实有好几条眼里未映出的支流。它们互相重叠又牵连，时而澄澈、时而沉滞，时而死、时而生，然而在我的心里，还是好好地变成了一条河，连接着向前。是包含千变万化的水质的、人这么个不可思议的生物内部的一条河流。"

　　河川滋润精神的成长，是欢乐和哀愁、生与死一股脑儿地注入的地方。"泥之河""萤川"，接着是以一个孤独的大学生为叙述人，演绎欢乐街庶民生活的"道顿堀川"。这些小说浓烈地展示了地方风土人情，和作家幼年、少年和青年时期的个人体验关系密切，但宫本辉反对被贴上私小说标签。他坦言，大阪的西边、堂岛川和土佐堀川合流处的安治川河口度过的幼年期、北陆富山市的萤川边生活过的少年期,每一段,作为遥远的乡愁都是无法忘怀的风景。不过,"我将这片风景作为砧板,在这基础上完全是进行了虚构创作"。

儿童视角

以儿童视角表现生活的手法在文学作品中并不少见。比如瑞典文豪、诺贝尔文学奖得主帕尔·拉格克维斯特有一部脍炙人口的小说《现实的客人》。从一个时常坐在家中窗台上朝外看火车站站台的男孩,也就是"我"的视角,看站台上的人、在车站工作的父亲、在家里忙碌的母亲,看哥哥和姐姐,看乡下的外婆和外公,以及外婆葬礼上的邻人们。并且这个"我"从童年走入少年,经历了外婆去世、初恋的纠葛、与童年的告别、对基督教的困惑等一言难尽的苦闷。

和《现实的客人》相比,《泥之河》里的苦闷不是一个人的,也不限于视线的主人或一个家庭,而有前景和后景、显在和潜藏的许多人的苦闷。比如后景里有信雄父亲晋平的情债,有现妻的哮喘病、前妻的垂死,有晋平自己及其他从战场返还的士兵的创伤。《现实的客人》像隽永的散文,以细节和意蕴动人,多怀旧和感伤,但没有跌宕起伏的情节。从书名看也始终强调着一个局外人的立场,好像和现实世界有一种与生俱来的格格不入。虽说《泥之河》的笔法特别素朴、沉静,隐忍而内敛,但其中充满被精心设计得十分自然的冲突,一环扣着一环,宛如电影画面的切换。有时明明很慢,像信雄慢吞吞的步子、欲言又止的嘴巴、似笑非笑的羞涩表情和懵懂的视线,但缓慢除了表现它自己,也是为迅疾做了铺垫和衬托。宫本辉以慢中有快的节奏,用对话和行动推进着偶然中充满必然的生命故事。

儿童视角有助于启动一个节点,一个生而为人、从此始知悲哀和成人世界滋味的转折点。疾病、死亡、性爱、偷盗、杀戮、相识和永别,所有这些让人内心恸哭的一切,在《泥之河》里都以懵懂的哀愁来传递,受伤的儿童心灵像一只带温热和血丝的处女蛋让人怜惜。同时,一切看起来自然而然,因为一只脚还在人世外,儿童对人世的观察自带旁观者的客观性。于是儿童视角加大了真实感,也加大了人生的无奈感。

一切从信雄的视线出发。信雄看见了大人的世界,正如难以回避也无法选择地看到马车夫变形的耳朵,他看到了喜一母亲卖淫。对这些画面,又只能被动地、无法消化地囫囵吞下。孩子的瞳仁是折射事物的镜子,因为纯粹,孩童的目光能在客观上对成人世界作出犀利批判。同时成人世界引诱着孩子,一点点把他们往泥水里拉。必须指出的是,虽然采用的是儿童视线,终究是成人作家潜伏在孩子体内,在儿时记忆的助力和想象的支持下书写,把一些成人的感触搁在了孩子的肩头。

生死、战争、性意识

信雄在毫无心理准备的情况下,和父母一起目击马车夫之死。不久,他又在早晨的一个瞬间独自看到小船上的采沙蚕老人消失,只剩下船儿在水面晃荡。信雄被父亲当作诉说对象,听到了那些残酷的战争体验。他也被带入父亲的前妻、一个垂死女人的病房,这女人朝他伸出一只手让他畏惧。最后,信雄和喜一家突然分离,还将与自己的出生地大阪分离。短短的篇幅里死亡与别离的笔墨浓重,看似漫不经心、自然而然,仿佛不过是信雄这孩子懵懵懂懂撞上的,可这些事对于八岁的信雄而言,无异于无忧的心灵天空上突然飞来一大团乌云。这个以儿童的对话和动作为主导的小说,也因儿童视线的限制,在需要触及成人心理层面时显得捉襟见肘,宫本辉才不得不让父亲和儿子说起了战争。

晋平对信雄说,马车夫也是从战场上拼命地活着回来的。本来,晋平看到人死不是第一次,在战场上,不知有多少人在他身边倒下,但马车夫的死让晋平第一次不得不思考生存之路。战场上的死亡在他看来属于异常状态,有朝一日回到恋人身边,就可以开始正常生活。不曾想在正常生活里,死亡依然在自己近旁，战争没有真的停止，为生活的搏斗并没有终结。晋平还想起一起幸存归来的一个士兵，却在回乡后不久死了。早知那样死，还不如死在战场上——晋平这样感叹。

另一个暗影般的死亡者是喜一的父亲，也曾幸运地活到战争结束，却因骨髓炎而死。一天晚上，信雄一家款待喜一和银子。喜一唱起一首军歌，这首歌曾因为厌战情绪被禁，它也是晋平耳熟能详的。喜一只是鹦鹉学舌、表演父亲留给他的一首歌，天真的演唱和艰涩的歌词反差强烈，不过，战后余生的同样处境因歌曲得到了确认。

采沙蚕老人之死进一步将死亡变成了日常的事，老人在一分钟之前还好好地、做着日复一日的劳作——采沙蚕。这事也许是道听途说，也许是作家童年亲见，也许不过是文学想象，但它显得合情合理。宫本辉有含而不露的功夫，何况孩童在多数情况下不说谎，孩子的视线加大了真实感。

在成人的精神感受里，在新旧交替的时代步伐中，战争的尘埃犹在。从发生的事件看，广义的生存战争没有结束。战争幸存者如何继续走人生的路呢？耳朵古怪的马车夫是战争幸存者，耳朵是战争的烙印。他有美好的计划，下个月便启用卡车了。这个人的死亡让晋平心有余悸，有着相同的战场归来的背景的自己是否爬出了危险的泥潭呢。此前，他不曾下定决心接受朋友的邀请去北方的新潟。到那里可以做想做的事，可以让患哮喘的妻子呼吸到新鲜的空气。战后已十年了，他们家依然贫苦，可也算开始了平静生活，然而，这份平静也许不堪一击。晋平决定到新天地去，好保证家人的生活。像战后日本拖着复兴的尾巴一样，这些成年人们也拖着岁月和时代给他们拉出的影子，拖着人生的悲和债。晋平因为喜欢贞子而抛下前妻，给前妻带去过不幸。前妻希望临死前再见上一面。贞子起初反对，最后不但允许晋平带着信雄去，自己也跟了过去。她先是在外头等着的，继而情不自禁地冲入室内，跪着给病人道歉，泪流不止。信雄见证了这些人生的尴尬而复杂的瞬间。

除了生死和战争，小说对焦了信雄性意识的萌发。这既符合人物身体和心理发展，又折射出人生的诱惑和陷阱、美好和邪恶、生而为人的走钢丝一般的成长。儿童不是从无邪状态突变为心思复杂的成人的，而是逐步被染上颜色。一方面，存在性本恶论，另一方面，喜一这个可爱的孩童在生活压力下已产生局部的畸变，偶尔露出凶狠面孔。比如说，他本想保护雏鸟，当几个男孩用言语侮辱喜一的母亲后，喜一在盛怒中捏死了雏鸟。喜一丢失零花钱后，乘乱偷窃原本和信雄计划购买的玩具火箭，又为了与信雄的友谊，祈求信雄原谅。喜一不是没有内心的纯良，怎奈生活的泥潭时时拽着他。

信雄这个生长于正常家庭里的孩子也无法始终活在天真的真空里。银子给信雄洗脚时，信雄注意到银子脖子那儿散发的好闻的味道。后来信雄去船上找银子姐弟玩耍而不遇。这条船拿胶合板隔成两部分，喜一和银子在一侧活动，另一侧活动着他们的母亲，有不同入口。被喜一的母亲招呼到母亲那一侧的舱内，信雄立刻注意到里头有一种奇异的味道，味道里隐藏着某种让他疼痛的东西，可他愿意一直待在这位母亲身边。后来，信雄多次去找喜一和银子，暗中期待能再次被喜一的母亲叫过去，可惜不曾实现。

性意识不是在一个人进入青年期后突然迸发的，它也许在孩童时代开始慢慢萌发，和种子发芽一样，是日后开花结果的需要。喜一母亲对一个孩子一气说出自己的身世，内容也不是信雄消化得了的。这也是儿童视角手法的局限性所致，但和信雄父亲与儿子谈战争创伤和劫后余生的对话相比，喜一母亲和信雄的对话不算生硬。须知现实中确有这样的瞬间，成人需要对一个没有偏见的人，放心地送上自己的历史。

父亲叮嘱信雄别在夜晚到那条船上去，但父母终究无法在孩子的成长路上踢开所有的小石子。天神祭之夜，信雄被喜一讨好地拉到船上，看自己的宝贝：水中的螃蟹。因为想救一只被喜一点燃了的、在灯油中浸泡过的螃蟹，而在无意间透过船舱窗户，目睹了喜一母亲卖淫的场景。一个男人的背在这位母亲身体上，如波浪一样击打。信雄惊恐地离开小船的那一刻，自己说不清为什么，只是忍不住大哭。信雄的哭泣可能来自震惊和害怕，也难以否认，还包含萌芽的性意识所受的挫折。性意识本身也和生死密切相关，无论是对于死亡还是对于性的认识，信雄接受到这些都在无意间，毫无防备又不可避免。这孩子在小说里时常突然哭泣，他自己说不清缘由，一方面是他不能完全理解事物和局面，一方面是事物和局面实在错综复杂。尽管如此，他还是可以直觉舒适或不适、干净或不净、无情和有情，于是，本能地以哭泣的方式疏导悲哀和恐惧。

妖怪鲤鱼

一条古怪的鲤鱼成了喜一和信雄这两个男孩共有的秘密，并增进了两人的友谊。在泥之河里，有一股看不见的力量左右人们的宿命，这力量或许化身为妖怪鲤鱼、时不时地跃出水面。其实在不少文化里都有这样的民间迷信，认为孩童因为其纯粹就有可能看到成人看不见的神秘力量。不过泥之河里的这条鲤鱼有时也以别样的色彩和状态出现，似乎不只是意味着黑暗与不幸，而可能有一个开放的诠释空间。

它第一次出现，是在马车夫死去后的一天，喜一在事故现场附近，扶着桥栏杆指给信雄看，一条巨大的淡黑色鲤鱼，在水面上缓缓画出了圆圈。回家后，一闭上眼，信雄就看见喜一骑着鲤鱼溯流而上。这条鲤鱼再次被提及，是信雄被交警盘问时，孩子按自己的逻辑解释采沙蚕老人的失踪，"是妖怪鲤鱼呀"，是让鲤鱼给吃了。而在小说末尾，妖怪鲤鱼再现，它闪烁着光芒，紧追着喜一家的那条破船。

鲤鱼之谜直至小说结束也未被点明。或许鲤鱼是来提醒人们生活里那些奇奇怪怪、能感觉甚至能远距离看到的存在。对那样的存在，孩子不能理解，成人也说不出所以然，于是要借助神话和迷信消解恐惧和惶惑。耳朵残缺的马车夫为何那样死去，采沙蚕的老人为何瞬间失踪，喜一家将要漂到何处，都没有答案。只有等候着每一个人的不能更改的宿命。

和喜一家大同小异，信雄家也在被命运追赶，必须漂流。新天地从来不会自动消解生活的困顿，它预示着希望，也可能通往一个陷阱。哪里是金子铺路的地方，哪里是世外桃源，哪里不再是泥之河呢。从某种意义上来说，生存的战争永无尽头，只不过时期不同，形式有变化，而战争的阴影就像时不时露出水泡的那条巨大鲤鱼。宫本辉在小说初始埋下伏笔，继而让鲤鱼时时跃出水面，最后以鲤鱼做终结。鲤鱼最初的出现比较自然，最后，信雄一路狂奔，大喊鲤鱼来了，略显突兀。一方面，信雄希望喜一因为听到了呼喊，因为对鲤鱼的兴趣而露面；另一方面，更像作家要提醒人注意，小心这个生活中的鲤鱼的隐喻。

大阪的天神祭

"祭"在日本的传统社会里的价值在于让人们借助以祭神为前提的习惯性场所确认彼此的信仰和一体感,也给予彼此生活的勇气。它成就了一份集团性的等待,对神的等待和敬畏,期盼救世主降临,给人以援助。到了当代,"祭"越来越成为市民文化活动的一种。《泥之河》里的大阪天神祭影像还留存着鲜明的玄妙意味,也是小说高潮到来的时刻。

日本各地都有天神祭,尤以大阪天神祭最为出名,它分水路和陆路,以大阪天满宫为中心在大阪市举行,是日本三大祭之一。从六月下旬的吉日到七月二十五日约一个月内会有不少活动。而在二十五日夜,淀川的大川一段有很多船只来往,举行船渡御,辅以奉纳烟火。船渡御是用船只载着神灵渡河或渡海,换言之是用船只迎送神灵。除了载着凤辇的主船,还有采用笛和太鼓等乐器奏乐的供奉船跟随。淀川上虽不能说百舸争流,却也是船只多到让人目不暇接。而在陆上有陆渡御,此外,集市里摆开了望不到头的摊点,那里出售的糖果、点心、烤章鱼、金鱼,对孩子们来说,每一样都充满诱惑。信雄把自己的零花钱交给喜一保管,因为他俩打算一起买一只玩具火箭,若有剩余的钱,再去买点吃的。不承想喜一的裤兜有破洞,钱丢了。喜一乘乱偷了一只玩具火箭,以为能让信雄开心,信雄斥责喜一是小偷。喜一发誓再不做偷窃之事，讨好地拉信雄到船上看自己的宝贝。喜一从河里提起一把笤帚，一只只河蟹落在舱内。喜一把螃蟹浸在倒满灯油的大碗里，再给螃蟹点火。螃蟹冒出带恶臭的青色火焰，体内发出奇怪的声音。燃到尽头时，小小的火花从蟹壳里弹出，像落于地面的烟火的火星子。板壁另一边，和烟火往空中升腾的声音类似，好像有谁在呻吟和啜泣。去援救一只爬行着的燃烧了的螃蟹时，信雄无意中看到喜一母亲的身体上压着一个有文身的男人。信雄像是被吓住了，又像是受到莫名的委屈，大哭着在喜一和银子的沉默注视中回家去。

一个本该给信雄和喜一带去欢乐的天神祭之夜起伏跌宕。沉默的小孩、哭泣的小孩、绚烂而轰鸣的烟火、燃烧而爬行的螃蟹、女人的呻吟、男人的刺青，这一切纠缠在一起。这个夜晚是夜市的鼎沸人声、器乐声、哭声、呻吟声、烟火声的交响。天神祭演绎出战争硝烟感、人生幻灭感。同时，它是大阪民俗重要的一部分，还和水不可分割。

"祭"是一个幻想的空间，有着从灯火阑珊到灰飞烟灭，从盛会进行前的期待、进行中的热闹到结束时的孤独。从幻想的空间走回日常空间可不那么容易，人们会难以确定究竟哪一个空间真实存在，并且更具有存在的合理性。同时，正因为原有空间的存在、无趣和沉闷，才映衬了幻想空间的自由、灿烂和解放。然而幻境破灭时会带来巨大的丧失和虚无感。具体到信雄和喜一,他俩从满心期盼地拿着钱奔往夜市,被那里的一切激荡得心花怒放,继而发现钱丢了,在人堆里、地面上拼命寻找,再到彼此争吵、和好、愕然分手。好像从大欢喜到大悲哀。好像悲哀早就埋伏在那里,只等着好时机就跳出来收拾那些期待快乐的人。

恐慌症患者与小说天才

宫本辉原名宫本正仁,昭和二十二年(1947)生于兵库县兵神户市,毕业于大阪的追手门学院大学文学部。二十七岁时他有心当作家,因为罹患了恐慌症而放弃。二十五岁的他在产经广告社做文案。成了家,有了孩子。身为公司职员却连乘电车上下班都难以办到。下班后,他不得不在阪急电车梅田站等妻子迎接,再一同乘车回家去。症状愈发严重,他时常眩晕,不单乘电车难,会议也参加不了了。宫本辉转念一想,自己也曾是文学青年,不如写小说,一来免去乘车、开会的烦恼,二来对生死的考虑让他迫切地要做些将来能留存的东西,而不是广告那样的消耗品。他在昭和五十年(1975)退职。两年后凭借《泥之河》获得第13届太宰治文学奖,登上文坛,不足三十一岁。而他的河川三部曲中另一部作品《萤川》在第二年一举摘得第78回芥川文学奖。

当时还没几个人听说过恐慌症，妻子的神经大条和乐观态度也支持了宫本辉。《泥之河》获 30 万日元奖金。《萤川》也获得 30 万日元奖金，这一回，全部用于给妻子治牙。

恐慌症愈发严重。大约在三十五岁，宫本辉创作小说《锦绣》时，他开始害怕白色的东西，稿纸也碰不得了。因为病人无法出行，京都的精神科医生只好出差到大阪宫本辉的家里。在两小时的谈话里，宫本辉将自己的苦闷，将原生家庭的往事和盘托出。医生说，宫本辉得了"神经不安症"，不但死不了，爱因斯坦、莫扎特等天才人物都有这毛病。医生还说，不用治疗，治好了说不定就没法将小说写得那么好了呢。医生配了药，嘱咐在难受时吃点。从此宫本辉的病略有改善。三十年后才有了根本性的好转。

身为恐慌症患者和小说天才的宫本辉善于从细小处透视人物的整个生命，这也和他的生死观密切相关。他认为，死虽然看起来是用言语无法形容的极限体验，小说则是不得不用言语来表现它的残酷的一项工作。可以说，正因为那是言语难以表达的，小说才非要表达它不可。他还表示，"人是一种会对自己不曾经历的东西抱有巨大不安的动物。对于人来说，最大的事莫过于死。不过，另一方面，死也是很理所当然的平常事。昆虫、鱼、动物等都接受了它，堂堂正正地死了不是。人干吗就那么害怕呢。是因为没有当作理所当然的事来接受吧"。宫本辉以为，根底里没有生死观的文字是摇摇晃晃的。如果说小说是书写人生和人的，那么作家就非得进入生是什么、死又是什么的问题不可。正因为描写死亡这不可见的东西，才可以将自己有关生死的哲学和思想的立场表达出来。宫本辉的这一看法可以作为《泥之河》的注解，《泥之河》里正是有着生死观的根底，也充满对平常事一般的死亡的直面。死生的内容并未表现为高潮时刻的重大事件或悬疑故事的发端，而是如影随形，是生活的日常，既可怖又理所当然、不可避免。于是，宫本辉对生死的表现包含了更哲学的意味。考虑了死是什么才能更好地考虑生是什么。本来，宫本辉从自己的病状出发，改变生存方式，实在也是一个对生死问题认真而敏感的人。

宫本辉注意到今日世界在经济悬殊的同时，也卷入了人的精神差别的漩涡。人们被肤浅的东西吸引，嫌弃深刻的，却过度评价无谓的小事，无视大事，并且这一倾向日趋扩大。精神性这一重要问题和学历、职业及年龄的差别无关，因种种缘故未能接受高等教育的无名大众里，隐藏着很多怀抱深刻心灵的人，而毕业于优秀的大学、有着让人艳羡的职业的人群里，却有人摆脱不了浅薄之心，任年华虚长。宫本辉认为，自二十七岁怀抱作家志愿以来的数十年里，他抱着给那些隐秘地拥有深刻心灵和被磨砺出的精神性的市井百姓以幸福、勇气和感动的念头在书写。对人类来说，到底什么是真正的幸福，什么是持续努力的根本动力、跨越烦恼和苦痛的心灵呢,他为自己数十年来用小说构筑的虚构世界来表现这一切而感到自豪。

安治川风情

《泥之河》的舞台是昭和三十年的大阪城郊,那时尚有马车及水上居民这样的风景。创作这一作品时,宫本辉借助这个故事回顾了二十年前的画面、他心中未曾淡忘的画面,像是凭吊,像是抒发乡愁,又像是为了在生活中继续砥砺前行。字里行间,串联了很多大阪市井生活细节。

比如晋平的煎金锷饼、贞子的淋了蜂蜜的刨冰。

比如喜一的母亲让喜一从玻璃罐里拿出黑砂糖来招待信雄。

比如银子喜欢将手插入米柜,觉得米温暖,在冬天,只有米是暖和的。银子从这样的动作中体会到幸福。

又比如天神祭时,信雄在桥上,桥下荡来一条小船,船上的男人给信雄抛来一只西瓜,西瓜落在桥上、微微开裂。男人一面对信雄说,微微裂开最好吃了,就像船上的姐姐一样,一面搂住女子亲昵,船上的女子娇笑。这带着香艳意味的言谈动作满是大阪的烟火气。而小说对天神祭的宏观和微观的描写,值得民俗学和社会学学者参考。

《泥之河》全篇圆润流畅,深刻而沉重的主题不动声色地潜入对风景人物的淡淡呈现里。小说里的大阪风景称得上真实场景,却也是宫本辉创造的文学的大阪,同时其再现力和说服力极高。即便这片风景和读者个人经验有很大距离,也能容易地唤起共同的心情。

这份儿童视角下推进的文本里,孩童的语言和孩童的心理描写出色。笔致细腻的诗意叙述和残酷的战争世界互相映衬而没有违和感。

从都市文学的角度来说,《泥之河》也很有特色。它对桥梁、河流、市民都有细致的描绘。自然吐露的大阪方言凸显人情和性格。气味、色彩、声音,让风景有了立体感。宫本辉使用的大阪方言和人物的心理、地方的人情浓密地黏合于一处。方言有生活和文化基础,不只语言,更像泥、水、汗、血、泪混在一起后的产物。与同样使用大阪方言的谷崎润一郎的《细雪》不同,《细雪》主要采用大阪商界船厂一带所谓上品的上流社会的语言。宫本辉使用的是下层平民的语言,脆生生、火辣辣。瞩目的是边缘人群,使用的是和标准日语相比处于边缘的大阪方言,甚至是边缘大阪人的底层语言,可以说语言和要呈现的内容十分吻合。

比如马车夫出事前在食堂里的那段场景里,对话充满笑点,仿佛关西地区流行的漫才。马车夫对信雄说,买了卡车就把马送给信雄。信雄开心地跑到爸爸晋平那里："那匹马，说是给我呢。"母亲贞子对马车夫说："这一对父子，听不懂什么是玩笑呢。"马儿稀罕地发出嘶鸣。晋平说："听不懂笑话的是妈妈呀，对吧，信雄。"贞子埋怨落下粪便的马儿："这儿可不是你的茅房。"马车夫忙不迭地替马儿道歉："总是这样，对不住，对不住。"

　　小说结尾，船屋上的人和岸边食堂的人都在远离和消失之中。就像那一带的风景随着时代的进展已远非今日大阪人所熟知的了。一个在故事发生时即将消失，在读者阅读时业已消失，又因消失而以沉默的声音强调着自己的永存的风景。它先被作者牢记，进而被小说记载，最后成为大阪的文学风景，今日，那一带甚至树起了一座"泥之河"石碑。

　　信雄的眼睛是故事发展的方式和读者观察风景、人物和事件的媒介。而信雄实在是个稚拙、沉默又充满好奇的男孩，故事的叙述也有了稚拙、沉默和闪烁着趣味的特色，是萝卜青菜式的。宫本辉的笔触以一份古朴增添着一份厚重。少年时代的记忆，性欲的朦胧苏醒，混杂在一片乡愁里，都是值得怀念的过去的东西。一个内核黑暗的小说用一种温情和幽默乃至童趣包裹着，黑暗是因为内容的沉重，但也反射出大的悲悯。

苹果花落，河川奔流
——加藤和枝和美空云雀

　　天才就是命中注定。天才当然也需勤奋，然而天才就是桃树能结桃，小鹿善奔跑，玫瑰会开花——我听日本"歌谣界的女王"美空云雀的歌就有这感觉。日本人称美空云雀为"永远的歌姬"，歌姬是她命中注定的身份和使命，正如桃树结桃、小鹿奔跑、玫瑰开花。歌姬不仅是有副好嗓子，那嗓音是能呈现人间悲喜的五颜六色和人的七情六欲的。歌者自己的灵魂所具有的最动人的部分，乘着歌声的翅膀，和嗓音要呈现的人间颤动一同起伏。跟天才画家用颜料，天才作家用文字，天才木匠用木材表达自己、呈现小宇宙和大世界一样。

苹果的花瓣

美空云雀擅长古典、爵士、歌谣等各类歌曲，最为人熟知的还数歌谣曲。歌谣曲是日本流行歌曲的总称，昭和时期以来，狭义多指演歌。演歌本是明治初期的自由民权运动高涨期，因为街头演说遭到严厉取缔而发展出来的弹唱。昭和时期开始，演歌内容也从政治转为义理人情、男女情爱。这些歌曲，唱的是恋爱、悲哀、苦恼、梦想和奋斗。多用七五调表现，基础是4、7音阶缺失的五度音阶旋律；配乐融合了西洋和日本音阶，加入民谣、三味线等日本传统音乐元素。以演歌为代表的歌谣曲是日本人喜爱的主题和旋律。谈论歌曲怕是勉为其难的事——很难用文字诠释音调。美空云雀早期的作品，昭和二十七年

美空云雀《苹果追分》

（1952）的《苹果追分》有这样的词：

唱：
苹果的花瓣
在风中吹散了哪
月夜里、月夜里、悄悄地
唉

津轻姑娘哭了哟
面对痛心的别离，哭了哟

苹果的花瓣
在风中吹散了哪
呵

白：
岩木山的山顶
棉絮一样的白云
轻快地走
桃花儿开，樱花儿开
然后早开的苹果花吐蕾的那会儿

正是我们最开心的时节
可是，无情的大雨哗哗降落
白色的花瓣散落的时候
哎呀，不由想起在东京死去的妈妈
哎呀，哎呀

唱：
津轻姑娘哭了哟
哭泣那伤心的离别，津轻姑娘哭了哟
苹果的花瓣
在风中吹散
呵

  山，白色的被花儿覆盖的山；舒缓的白云；和缓的北国之春里花季的姑娘；姑娘在该欢笑时克制不住地哭了。她哭了呢——因为月夜，因为大雨，因为苹果花。美丽的世界中还是有落花的忧伤，有对逝去亲人的无尽怀想——这是一首凄美而动情的歌曲。《苹果追分》起初是广播剧《苹果园的少女》的插曲，后来为昭和二十七年公映的同名电影采用。当时就创下了七十万的单曲销量。"追分"是日本民谣的一种，一般说来，曲调舒缓、绵长，又带有淡淡的哀愁。

歌曲对北国情景的描写无疑是唯美和动人的。那许多的"哎""呵""哪"由美空唱出来,比歌中其他的字眼更凝练而深情。尤其每一个拖长的"呵"和"哎",在连接中有扬有抑,一唱三叹。好比悬腕写字、中锋用笔,许多的力量在婉约中、在浮动中、在虚线里,但又真真切切地存在。

这样的难度决定了美空云雀的歌不是在卡拉OK能轻易模仿的。卡拉OK最能让民众有出彩表现的恐怕多是些大路货。美空云雀的歌非但不适合卡拉OK自娱,依我看,对日本演歌界的重量级歌手来说也是难题——唱美空云雀的歌,简直是砸自己的牌子。比如美空最后的单曲《像河川的流淌那样》(《川の流れのように》),著名男歌手前川清、女歌手邓丽君等都挑战过。前川唱得急,有一次,他一边唱,一边利用间奏的空隙自嘲:"哎呀,这么唱下去,我会死掉。"引来观众的哄堂大笑。邓丽君唱得深情、柔弱,唱不出人生的起伏跌宕、壮绝凶猛。美空的演唱,听者谙熟于心。别人的翻唱听来总觉得该厚重处不如美空厚重,该婉转处不如美空婉转,何况美空云雀特别擅长融合喜悦和哀愁,那喜和哀、刚和柔的转折是浑然一体、自由自在的,就像河川的跌宕流淌。其他的歌手用认真到气急败坏的程度去唱,以为可以乱真,而美空是自如说话般轻松吐音的。唱就是她的说话方式,歌就是她的语言。胸有成竹,是说画家;嗓子里有歌,是说美空这样的歌者。

连地图也没有的人生

这样的天才歌手,其歌唱生涯并非一帆风顺。昭和二十一年(1946)十二月,美空云雀在NHK《业余歌手嗓音自夸》节目初试莺啼,结果在第一轮就给淘汰了。唱得太好,引起审查员的反感,审查员认为她的嗓音和表演是装小大人,假如让她通过,无异于鼓励一种反自然的演唱,怎么说都有些影响不好。那时她还不姓美空,也的确是在模仿成人女歌手。

昭和十二年(1937)出生于横滨市的美空是家中长女,本名加藤和枝。受擅长音乐,开一爿小鱼铺的父亲加藤增吉影响,美空九岁首次登台演唱。走上职业歌手的道路,则是因为有过艺人梦的母亲加藤喜美枝的拼死支持。昭和二十年(1945),母亲喜美枝让刚从战场回来的丈夫为女儿组建了"青空乐团","加藤和枝"改称"美空和枝",开始了在家乡小舞台上的表演。NHK节目审查员的批评对喜美枝来说真是当头一棒。但她没有死心,两年后的春天,在另一场市民嗓音自夸赛上,等到了审查员、音乐家古贺正男。古贺惊叹女孩儿超出年龄的理解力和表现力,认定她是不可多得的人才,这坚定了喜美枝培养女儿的决心。这年十月,"和枝"改叫"云雀"。那时的日本正处于萧条颓败的战后,在美妙晴空中飞翔的云雀,这画面里何尝没有对生活的希冀。并且,这份乐观和憧憬与在民众中歌唱、对着人心的阴霾吹去清风的天才少女的行为十分吻合。

美空云雀于昭和二十四年（1949）也就是她十二岁时开始灌录唱片；昭和三十年（1955），以一曲《哀愁波止场》获得日本唱片大奖；此后一再凭借多首歌曲获得各种奖项。一生共录制1500首歌曲，原唱歌曲517首，唱片销售总量超过800万张。她演绎了很多脍炙人口的名曲，如昭和三十九年（1964）的《柔》，四十五年（1970）的《人生一路》，六十一年（1986）的《爱灿灿》，六十二年（1987）的《乱发》等。唱着各种歌曲，美空走过了少年、青年，走到中年，周围的人对她必然面临的变声有过忧虑。在前述《苹果追分》这首早年名作里，童音的脆嫩被一重不知是起源于前生还是接续着后世的厚重低沉的声音包裹，又毫不突兀，是孩童和成人间的声音，女子和男子间的声音，仿佛隐喻着人的出生和成长、老熟——它绝不单一、难以复制。其后，青年和中年美空云雀的声音越发浑厚。这是声音的成长路，仿佛声音本身自有其生命，有它的少年、青年和中年；所幸，它始终鲜活，受人喜爱。在美空云雀后期的歌声里，还是能分辨出唱《苹果追分》的"少女音"的面影。

如果非要在美空的声音里挑选一种，我更喜欢少女美空在《苹果追分》里鲜苹果一样的表达。到演绎《像河川的流淌那样》时，美空云雀已被看作歌坛不死鸟，在高高的舞台上任人仰视。由才艺、地位和生活的长期积累建立的非同一般的自信激励她呈现超于一般的表达。但恐怕也难免因历年浮世的经营，沾上非天然的成分——一个不经意间炫弄技巧的吐字行腔都可带上世故的尘埃。所谓老道，它让人佩服，可依我看，还是不如浑然天成的那般纯美。

当然，老道或纯青的炉火对诠释《像河川的流淌那样》这样的歌或许正妥帖。据词作者秋元康解释，在决定给美空量身定制歌曲后，他因其他工作在纽约停留，头脑中一直思考着美空波澜万丈的大半生。下榻处，屋前就是东川（East River）。很快就要结束旅程回日本了。屋前的河流，以某种方式连接着故乡日本吧。所有这些情绪交织，《像河川的流淌那样》这一主题生长出来。录制结束后，美空说："这歌真是好，人生也真是有时平坦，有时曲折，有时快有时慢，真像是河川的流淌呢。但是，哎，最终，全都还是要流向大海呀。"本来，制作方录制了含 10 首歌曲的合集，打算选择其中另一首发单曲。美空执意以单曲形式发表《像河川的流淌那样》。数十年的演艺生活中，事务上，她基本任人安排，自己只管唱，这一次，她很任性，似乎是这首歌触动了她的心弦：

不知不觉中走到了这里
细而长的道路
回头望如此遥远

能够望到故乡
凸凹不平的路
弯弯曲曲的路
连张地图也没有
那倒也是人生

呵，像河川的流淌那样
缓缓的
多少时代流走
呵，像河川的流淌那样
毫不停息
只是天空在暮色中浸染

活着就是旅行
这没有终点的道路
跟在心爱的人身边
一起寻梦
即便被雨水弄得泥泞的道路
有一天晴朗的日子会来到

呵，像河川的流淌那样

等待季节变换冰雪消融

呵,像河川的流淌那样
平和地,真想这样将身心投入
呵,像河川的流淌那样
无论到何时
还能倾听碧水淙淙

走过大半生的美空能和这样的歌相遇是幸运的,她能借此作酣畅的表达——可惜也像是不死鸟涅槃前的鸣响。歌词让人咀嚼,比如"这没有终点的道路",通常人们说得多的,明明是人生的路都有终点呀。人在旅途,道路向前延伸,人或许看不到终点,即便如此,终点客观存在。说没有终点,在反逻辑中,倒渲染出一种英雄浪漫主义的色彩。在这种色彩下,终点,哪怕有,亦如美空所言,是汇入大海——它还在奔流,以某种世人看不清、解不透的方式。

末一句"无论到何时,还能倾听碧水淙淙","无论何时"四字也给全歌注入荡气回肠的积极人生意义。命运曲折强大,但一条平和的奔腾向前的河川更强大。在奔流中,它始终有动听的流水声。它有梦想、有生机,它制造美——美是它的灵魂。

单曲发布约半年后,即平成元年(1989)的六月,美空终止了她五十二岁的生命。葬礼上，日本歌界和所有参列者以一曲《像河川的流淌那样》和她告别。

加藤和枝和美空云雀

从天才少女到歌坛不死鸟，这是一出歌坛女王的大戏。肉身是自然生长的，艺术的生命却难免有刻意锻造的痕迹。两个名字分不了，合不得——"加藤和枝"与"美空云雀"。

曾几何时，一个叫加藤和枝的女孩脱胎为美空云雀，云雀之名提醒她自己背负的歌唱宿命。她还赶上了电影蓬勃发展的时代，出演过约160部电影，多数是主演，有时还在同一部影片中饰演三个角色。她的演技一流，片中有她的歌唱，但表演时间远远超出歌唱时间。只是她作为演员的才能不像作为歌手的那么超群。

自打美空云雀在昭和二十八年（1953）主演电影《大小姐社长》，母亲开始用"大小姐"来叫自己的女儿，不久，周围的工作人员也开始启用这称呼。"大小姐"这字眼，日文中主要有三种用法：一是称呼大户人家或主人家的女儿；二是对别人家女儿的客气叫法；第三是指在富足环境中长大，不知世间辛苦的女子。这三个字和鱼铺家庭出身，小小年纪就遭受战乱，在和艺人们一起巡演的途中一路颠簸，出了车祸，险些丧命的加藤和枝照理说并不相称。可以说，母亲对这一称呼的青睐，暴露的是她对女儿的期望和暗示。

美空云雀和她的闺蜜、女歌手兼演员中村メイコ相识时，两人都不过十多岁。中村觉得有个男朋友明明也可以呀，对艺人没有这方面的自由颇有怨言。美空答道："妈妈说，我们做的是贩卖梦想的生意。粉丝不喜欢的事就得忍着。"只要有粉丝存在，大小姐就得一直歌唱——这是母亲灌输给美空的认识。

尽管有母亲的警告，昭和三十七年（1962），美空云雀还是发表了和演员小林旭结婚的消息。云雀用短歌唱出爱的情怀："我的心中，人所不知的泉水，将石子投在水面，让它流动的你。"那投下石子儿的"你"，自然是小林旭。

母亲却夹在新婚的一对人儿之间。美空云雀原打算做个主妇，但她终究难以放弃演唱——歌唱，是她的命。早在昭和二十二年（1947）九月，美空云雀在参演途中遭遇车祸，险些丧命，原本只希望她把唱歌当作娱乐，而强烈反对以此为业的父亲逼她放弃歌唱，小小年纪的她却说：不能唱，毋宁死。她更时时意识到母亲意志的存在，兼任经纪人的母亲简直是歌唱之神派来监督和支持云雀的。在母亲和事业相关者看来，云雀是天上的，小林旭虽为名角，但和云雀比，终归是地上的。这段婚姻持续了约两年，就散了。据小林旭的回忆录，因为美空云雀母亲的阻挠，他和美空云雀其实并未在法律上正式结婚。

得知女儿和小林旭分手，母亲毫不掩饰地欢呼。此后，美空云雀再无婚恋，从法律意义上说，她一直是母亲的"大小姐"。

　　天上的云雀有着在人间的愁苦。昭和四十八年（1973），弟弟哲也涉嫌与黑社会有染，更以非法持枪等嫌疑被捕，也有流言蜚语，说黑社会头目欣赏美空云雀的表演，是她的一大支持。这些直接导致美空云雀未能出演当年的 NHK 红白歌合战这一除夕夜的电视盛会，中断了她 16 年连续出演的纪录。本来，作为红队的压轴表演者，许多年来，美空云雀是"十一点半的女人"，是百姓守岁时的陪伴。这是美空云雀的演艺生涯中一股强大的逆风，它持续了多年才渐渐平缓。自昭和五十六年（1981）起，美空云雀的母亲、两个弟弟相继离世。虽说弟弟哲也的儿子和也早年过继给美空，美空也一直勤勉歌唱，但忧伤难以排遣——"只剩我一个了"，她不得不借酒浇愁，常常一晚上能喝掉一瓶半白兰地。这毁坏了健康，也是她不长寿的原因之一。一曲《像河川的流淌那样》，听来嗓音里还就透着那么一股烟酒味。

　　"谁都有苦痛、艰难的时候，这是只要活着就没法子的事。然而，这份苦，总是每个人，因为有个什么支撑，要去克服的。我的支撑就是歌曲。"美空云雀曾在演唱会上表白。成长中或有母亲的意志，但渴望高歌是她内在的心愿，这心愿被扶植、强化，是她成为艺术大家的动力，这力量超越了人间变故。美空云雀有不少歌曲，重申在命运前绝不屈服、一以贯之、追求艺术的观念。《人生一路》《人生将棋》《歌是我的生命》等永不言败的歌曲，与其说是唱歌，不如说是概括。演唱中，观众常对她报以热烈掌声，这掌声里，对她的人生态度和行动的赞同，恐怕远远超出了对词曲的认同。

为美空云雀定制的歌曲不少，而一些具有普遍意义的歌曲，美空云雀也在演唱里渗透了自己的情感和体验，她用特别的吐词、呼气和停顿赋予歌曲另一重生命色彩。歌唱本是演绎。电影和戏剧演员用声音、表情和形体来演绎；歌手主要是用声音。日本演歌大家北岛三郎这样形容美空云雀的声音：对一个表达对象，美空能用七种颜色的声音去呈现。难怪，有些词曲朴实无华，似乎稀松平常，经美空云雀演唱，就有了充沛的血肉。美空云雀的演唱不单演绎作品，更是塑造作品。被视为天才的美空云雀其实十分勤奋，在家收录机不离身，要听无数次的试音带，找寻最适合自己的抑扬顿挫。她不识谱，需要在乐谱上标出只有自己看得懂的记号，一首曲子录音前至少要准备两周。

美空云雀在排练《悲伤的酒》这首歌时，借天才的直觉，以为第一和第二段的间奏偏长，情绪上也需要说白。一个电话打过去，词作者石本美由起欣然采纳了美空的意见，两小时后，石本借助电话把台词传达到排练现场。美空云雀不是照本发声，而是积极参与对歌曲的培育。她不仅用声音歌唱，更把歌词和曲调在内心先化解、再凝结，然后从嗓音中吐露出来。歌词和感情在胸中糅合，表现为变换自如的歌声。日本歌谣界有很多歌唱名家、好嗓好歌，但像美空云雀这样，和歌曲高度合一，几乎血肉连接的，并无第二人。

甚至，美空云雀自己也喜爱作词，她作词的歌里给谱了曲的有22首，其中18首由她自己演唱，其他赠予别的歌手。词作者署名：加藤和枝。如《杂草之歌》是一种自况，但这里的自我，不是"大小姐"，更不是"云雀"，而是又低又贱的"杂草"：从出生到现在，忍耐着走来，这样的泪，有谁知道。虽说被践踏，还是生存下来。像路边的杂草一样，成了坚强的女人。

美空云雀的一些演唱被称为"含泪的激情演出"。眼中噙满泪水的，暗含饮泣的，或大粒的眼泪一颗颗滚下的，究竟是她特别能入戏，还是歌词极易勾起她的亲身体会？也许兼而有之，也许后者的可能性更大。歌曲符合美空的人生，有定制的成分，描绘了美空的生活态度，反过来，也是对她的人生姿态的不断强化。她坚强，她或许只能选择坚强，于是越来越强。昭和四十三年推出的，西条八十作词的《艺道一代》。首段大意说，一心一意走在艺术之路，无论胜败，唯有尽力。女人咬住黑发。仰头看，只见朦胧月。这样的歌词，和美空的经历吻合。而到第三段，直接出现了"云雀"两个字。"云雀"像是取自歌手的艺名，又像譬喻。前段歌词中提及的走艺术道路的这个

人很像云雀,就是云雀。她不仅有这样的艺名,也有和云雀吻合的飞行特征:

> 虽说是小小身子,云雀这鸟儿
> 哭泣着精力充沛地,升上天空
> 麦田小小的鸟巢里
> 看着我,看着我的
> 妈妈在,妈妈在

美空云雀身高不足一米五,确实是个小个子,她也确实是在妈妈扶持下,才可能专心致志,走歌唱之路。

一是可以扪心自问的"我",一是社会和他人的"我"。有人说过,人不能满足于自身之中的生命,人希望有一种想象的生命活在别人的观念里,为此力图表现自己。其实,对一种想象的生命的塑造无可厚非,甚至可褒奖,人希望升华,这何尝不是一种美好。不管怎么说,难以否认的是,有意无意中,加藤和枝努力保持和演绎了一种介于现实和想象间的存在:天才少女、大小姐、演歌女王、不死鸟,也就是"云雀",而压抑了"和枝"这一原本更真实的存在。压抑肉身存在的行为,有时被人指为懦弱,是甘做懦夫以求为人勇敢的名声。但我以为,这一指控过于武断。一种风格究竟是懦弱还是勇敢,有时难以厘定。有时，一种行为在懦弱和勇敢之间，既是懦弱，也是勇敢。

昭和六十二年（1987）四月，美空云雀四十九岁，她病了，住进了医院，被诊断为两侧股骨头坏死和慢性肝炎。这期间，媒体进行了铺天盖地的夸张报道。对此，美空在日记中写道，"克服悲伤，坚强地活过来的人，一旦表现出脆弱，就有人以此为材料大做文章，真是太卑鄙了。装出什么都知道的样子，在电视上瞎报道，对倒下的云雀想说什么就说什么，哪怕是为了这，我也绝不可以就这样输掉。——和枝"这里，两个名字在同一时空里出现了，一个叫"云雀"，一个叫"和枝"。它们被自如地转换，又被明确地区分。从日记、书信、自述、题画等可以看到，这样的转换时常发生。有时，这个人说起"美空云雀"，是说"自我"，又仿佛说一个"他者"。"美空云雀"是不能言败的不死鸟，"加藤和枝"则是个承受着苦痛，有着常人悲欢的女子。"美空云雀"有一个叫加藤和枝的肉身载体，更是超脱时间和空间的一个存在，其真正的载体不如说是歌声以及刻录了歌声的影像，是从这个意义上，"美空云雀"有了做不死鸟的可能。

出院不久，美空云雀就录制了单曲《乱发》。依照美空云雀的愿望，作曲家船村彻特意用一些高难度的音来表现。录音时，船村彻十分忐忑，怕刚出院的云雀没有体力唱这样的曲子，然而，听着录音，船村彻发出的只能是赞叹："到底是云雀！"可能真是和疾病有关，我听这首单曲，觉得声音特别，与其说是虚弱，不如说在原本人们耳熟能详的美空云雀的圆熟之外，多了些柔和与凝练的深情。一个原本时时逞强，不吐弱音的云雀，偶尔在啼叫中透露了内心的饮泣，这或许不是坏事，反而更贴近生命的真相，更扣人心弦。

昭和六十三年（1988）的四月十一日，在新建成的体育馆东京巨蛋，美空云雀举办了题为"不死鸟——朝着新的天空飞翔"的复归公演。身着装饰了羽毛的深红色礼服，唱罢最后一曲，即第39首歌《人生一路》，美空云雀面对五万名观众张开双臂，走过120米长的花道（本为歌舞伎语汇，穿过观众席，直抵舞台的演员通道）。当舞台上烟雾升起，观众无法看到她时，她瘫倒了，她对制作人黑天耕司说，"观众挺满意的呢"。她注意的不是身体的疼痛，而是观众的反响。

不死鸟演唱会虽已举行，重病依然缠身，美空云雀却从五月就开始了全国十三个地方的巡演。次年二月，又开始新一年的巡演，终于，身体衰弱的她到了不能乘车的地步，全靠直升机移动；而一旦从舞台回到化妆间，她就立刻躺下休息，她随时都有倒下的可能。二月七日在九州小仓，她坚持唱完了全部20首曲子，次日便不得不去福冈的医院。后回东京休养、住院。即便如此，她挂念着预定四月十七日在故乡横滨的祝贺演出。

儿子劝她终止所有的演出，因为生命更重要。她说，倒在舞台上，正是妈妈所期望的呀。医生对她陈述事态的严重，历经磨难的她默默无言。在许久的沉寂后，她还是没有话，眼泪却刷刷地流了下来。

泪的首饰，歌的心，给远方的你

再次入院，走在人间的最后一程，美空云雀在病榻上，用画笔描绘心中的天空。她在画上题道："广阔又蔚蓝的希望之空 / 假如我有羽翼，真想飞向那青春的天空 / 年轻，是多么美妙！"画面上是一位戴草帽的少女的背影，她斜挎一只绿背包，包上有一个大大的音符。歌唱了一生的美空云雀并不识谱，却为表现少女和音乐的特殊关系，才用音符做了书包的装饰，也给这以背影示人的少女贴了个标记吧。天才少女歌手，是世人给美空云雀的标签，也成了她本人的自画像。

花，也是美空云雀喜欢描绘的对象。她写道："感觉到一天的开始的花儿，把纯美的空气死命地吸下。"美空云雀想健康地活着，她何尝不是一朵想呼吸生命空气的花儿。

还有这样的题画："一个女子，独自沉思，然后，泪的首饰和歌的心，给远方的你。"画上的女子这次露出的是正面，她看上去像是个公主，又带着女王的气势。她有王冠一样的头饰，有月牙般的项链和耳饰，这些装饰，闪闪烁烁，像是由星星，又像是由泪珠连缀而成。她似乎是站在一个舞台上，像是还在表演，也像是在作别。叫加藤和枝的女子在人生最后阶段的病床上思考和感受一切，人生的画面一一晃过。登过那么多舞台，有过一次法律程序不完备的短暂婚姻，有一个过继的儿子，最终，在妈妈监督下的天才少女歌手形象，不仅烙在观众的眼中，怕也烙在了她自己的眼里。

"大半夜的，对不起。已经是不行了。"给闺蜜中村メイコ的电话里，美空的声音极其微弱。这是平成元年即1989年三月，距不死鸟演唱会一年未满。美空在病榻上试图唱一唱《苹果追分》——连一段都唱不了了。五月二十七日，对媒体的报道很是苦恼的她，给大众留下了最后的讯息："麦田里，云雀一只，在飞行，不许打这鸟儿，村民哟！"五月二十九日，她在病室度过了五十二岁生日，六月二十四日，她因间质性肺炎引起的呼吸衰竭离世。

加藤和枝，艺名美空云雀。她的一生贯穿昭和时代，在平成元年戛然而止，成了名副其实的"昭和的歌姬"。平成元年七月四日，鉴于她对日本歌谣界的贡献，内阁总理大臣追授美空云雀国民荣誉奖，她是第一位获此殊荣的女性。加藤和枝终于完成了她的使命。美空云雀其后继续获得日本国内的各种奖项，出现于各种展览、电视节目、电影和书籍。

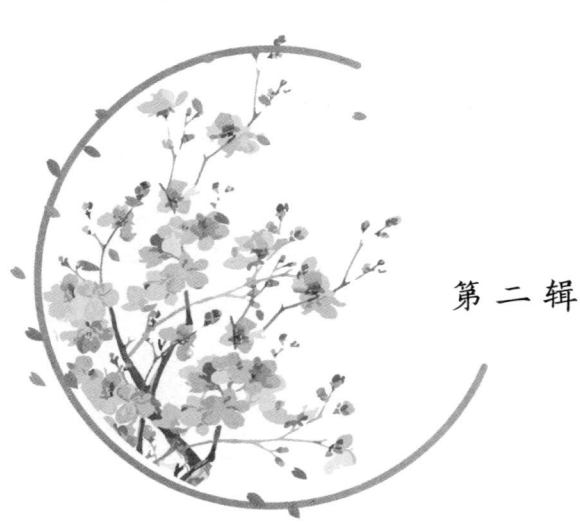

第二辑

初梦·里之前·朝颜·嵯峨野
——扶桑记忆里的几个方块字

生命里沉淀的记忆中，除了关于人，关于景，居然也有关于这些个汉字的。这是在异国，在日本。

生命中的日子，每天很少有什么大惊喜，多的只是些琐碎。那些琐碎就像街景，多半还是寻常。大阪关西国际学友会日本语学校附近就有一段寻常的街道：一间文具店、一间邮电所、一间洋服屋。洋服屋内一般不见顾客；门口摆着三两个纸盒子，有装了碎花布的，总有过路的女人看见前面一个女人在那里驻足，自己也就踩着碎步子跑过去，很不甘心地兜底翻翻——多数什么也不买，但一定要在花布上捏一把。放着碎花布的盒子边还有个盒子放的是零食，细看不过是普通的花生、蚕豆，拿彩色玻璃纸一裹，就裹出礼品的精致感来，让女人们忍不住也要摸一把。走过洋服屋，街对面是个地藏庙，有老妇人摇摇摆摆地冲上前去晃两记绳索，击掌，许下或大或小的心愿。这都是日本街道的琐碎。偶尔街心传出咿咿呀呀的声响，是绿灯可过马路的讯号——为了提醒盲人。在工作时间连正常人也没几个会通过那里的十字小路，莫说盲人了，但讯号还是按时按点地响；或因初夏的骄阳，或只因周围的一片沉寂，响得会让路过的我烦躁起来。这里没有大阪闹市梅田或心斋桥的人流和高楼，也没有奈良或京都清静的古刹、山川。地铁站在这一段却有个名字"夕阳丘"。我到那一带的关西国际学友会去，乘谷町线，既可在"四天王寺前夕阳丘"，也可在后一站的"谷町九丁目"下车，两边都是要走上十分钟，却因"夕阳丘"这几个字，我总是选在这里出站。并且，走在夕阳丘的小街上，恍惚就有走在山丘坡道的错觉呢。

  我一度搬到京都，为找公寓没少费周折。一方面人生地不熟，两眼一抹黑。另一方面，因为囊中羞涩，不得不左想右算：住处离学校要近，离打工地也不能远，否则弄成"三角恋"，不见得浪漫，车钱和时间可付不起。房租得交得起，又不能太省，因为房子不能太破！否则榻榻米上爬出老鼠来半夜咬你一口，卫生问题不说，人可吓不起；破房子遇上地震也抗不住，阪神大地震震倒的多是破房子——这些是一句两句从偶然认识的前辈那里听来的经验。而联系了的房东却在催促，京都可是大学城，要租房的学生多得很。最后定下的一家，我并不满意，只因找得倦了，便说就是它吧。唯一值得安慰的是，公寓大楼名叫"里之前"。"里"，和古汉语里的一样，有故里、故乡的意思。我望文生义，觉得是"在故乡的前面"，离故乡不远了，遂在窃喜中原谅了这公寓的种种不是：比如房子朝北，整年不见太阳之类。想想公寓名就能望梅止渴。

像"里"字这样，日文汉字中保留古韵的字眼真不算少。比如人人皆知东京的浅草、日暮里。我无心去考证这些名字被使用的原委，但陶醉于它们给我的、我要的联想——"浅草才能没马蹄""日暮乡关何处是"。这样含古意的字眼，新年头一天就能碰到。比如简单的一个"初"字。

新年的第一场梦叫"初梦"，预示一整年的兆头。什么样的梦才算好呢，据说不同的历史时期有过不同版本和解说。如今较通用的说法，最好是能梦见富士山，富士山是日本最高山，在日文里发音刚好和"无事"接近，谁不指望平安无事呢；第二是鹰，那是聪明且勇猛的高飞鸟，而世人多喜高飞；第三较意外，让看来很不起眼的茄子上了榜，因为茄子的发音在日语里同"成事"。所以，"初梦"这两个字看来浪漫，日式好梦却还是些并不浪漫的世俗宏愿。

新年里，亲人、挚友头靠头、肩抵肩一起去看第一天的崭新的日出，叫"初日出"。新年里第一次握笔写书法，当然也就叫作"初笔"。新年第一次去神社许愿叫"初诣"。我喜欢这个"初"字,仿佛可以掸去一切灰尘,从头再来。

与"初"相近,给我印象深刻的还有一个"朝"字,我要说的不是朝日啤酒、《朝日新闻》,也不是相扑名将朝青龙,而是"朝颜"。朝颜的日文平假名,有个直白的字面意思:"早上的脸"。《源氏物语》54帖中的第20帖用"朝颜"冠名,又因朝颜在日本是"槿"的古称,偶尔也用"槿"来表示。

在《源氏物语》里,朝颜是个一直拒绝源氏追求的女子。源氏三十二岁时和她再会,平安时代的才女紫式部为二人书写了短歌对答。源氏说:"往昔见过,片刻也不曾忘——那叫朝颜的花满开的时节错过了吧。"朝颜答:"秋天终了,缠绕雾篱,

恩地孝四郎 《朝颜》

有还是无处于难言之境的色退的朝颜哟。"这是我记录的字面意思。丰子恺的译文更符合中文美感："昔年曾赠槿，永不忘当初！久别无由见，花容减色无？""秋深篱落畔，苦雾降临初；槿色凋伤甚，花容有若无。"丰子恺用了槿字，译注中断言是中国的牵牛，不清楚是依据何种考证。如今，日本人多以为《源氏物语》中的朝颜是木槿而并非牵牛。更有一种说法认为，此前，对"早上的脸"平假名的汉字标记相当杂乱，有"朝颜"，更有"朝生""木槿""朝槿"等，用汉字"朝颜"和"槿"分别表示藤本植物的牵牛和木本的木槿，是从远远晚于紫式部的江户时代初期的俳圣松尾芭蕉才开始的。不过，反观前述短歌，雾篱上的花，有"缠绕"之态，倒还是藤本的牵牛更惟妙惟肖，当然，作为灌木的槿可作绿篱栽培，未必不能和篱笆缠绕。木槿和牵牛，都是秋天早晨的美丽面庞，紫式部的朝颜到底是它们中的哪一朵，还真是让人费解呢。

　　不管怎样，牵牛和木槿共有的在秋天里晨开昏谢的特征，容易让人联想起女子朝露般的容颜。我喜欢"朝颜"这个字眼，多少也因想到多年前读过的这么一首中国现代诗："你凌乱的发束是相思的脉搏吗 / 晨风的梳齿轻而又轻 / 乱云里映出一抹鲜红 / 妆点你清瘦的脸呢 / 当一层薄雾爬上你的眉峰 / 远的，近的，云山的风景都失色了！"

　　不过，写朝颜，在无心之间更为从容大气的，我以为当数松尾芭蕉。他有这样一句，以朝颜为季语，曰："对着朝颜，我是吃饭的男人啊。""我""吃饭""男人"——过于简单的事实罗列怎就堂而皇之地入了很是风雅的俳句呢？据说，那是芭蕉对弟子的应和。"对着草屋我是吃蓼草的萤火虫啊。"是宝井其角的句子。其角号称芭蕉门下第一高足。他写俳句不错，缺点是酷爱夜饮。其角这一句，描写的正是虽在破败的草庵蜗居，却在夜的街市上流连忘返的萤火虫一样的"我"，有些放浪形骸，有些无拘无束。据说芭蕉的句子是对其角的规劝，促弟子反省。芭蕉提倡体察和咀嚼平凡实在的生活中的美："我一早起来，看着朝颜的花朵，吃着饭，过着普通的生活。"而朝颜算得上是有简素、平凡之大美的一种花吧。

幕府时代后期的1854年发行的《朝颜三十六花撰》中，既有牵牛、木槿，甚至还有桔梗。日本的牵牛花种，据说是奈良时代末期或平安时代由遣唐使作为药物从唐朝引进。镰仓时代开始作为观赏花栽培，江户时代广泛地为人喜爱。如今，在日本，说起朝颜，除了木槿，更多是说牵牛花。

2008年版《中华大词典》收有朝颜一条，释曰：即牵牛花。例文仅郭沫若《行路难》中一句："寺旁有座小小的别墅风的人家，四周的篱栅上盘络着无数的朝颜。"《行路难》是一篇自传体小说，讲述留日青年一心为文，在异国饱受屈辱却坚持理想、努力奋斗的故事。《中华大词典》的解说旁证了"朝颜"

一词还真是在日本得到发扬光大的、有唐风古韵的汉字组合。

　　总之，古典的汉字字眼，让我这个现代人觉得风雅。在东京的街上，很多地方都有个名字，叫"富士见"。我曾冒了傻气，在街头根据路边说明，眺望过静冈县富士山的方向。在那个据说当年可见到富士山的地方，无论如何踮起脚尖，如今自然是望不到富士山的影子。当年固然没有如今的高楼大厦，但富士山再怎么高，距东京还有一段路程。我怀疑"富士见"有一小半不过是当年文人的诗情和雅兴。富士山虽看不到，"富士见"依然是个好名字。

　　这样的用法，也用出个大家耳熟能详的词"花见"——花儿满开之时，呼朋唤友，结伴去赏花的风雅事，不单是对樱花，对梅花等亦如是。还有"雪见""月见"。京都哲学小道法然院附近有家喜起拉面店，就有一款"月见"，是普通的拉面上摆一只白里透红的荷包蛋。

　　当然我也喜欢"嵯峨野""下鸭川""和歌山""东海道"等字眼。"野"字在京都话里，据说本不是什么雅字，和从前野外的天葬有关。"川"说的是河流。"山"不少见，但有了和歌，韵味自然不同吧。"道"是行政名，如流传拉网小调的北海道。"东海道"则给我一幅武士千里走单骑的画面。

　　"嵯峨的山，行幸断绝的芹川，万代的古道遗迹残存。"约在951年成书的《后撰和歌集》中有这么一首。"嵯峨"是说有粗犷形态的高高低低的山。这首和歌里的"嵯峨的山"指代嵯峨天皇，他曾行幸到芹河——即便是对于这首和歌创作的年代，这已是久远往昔的故事。读古人的怀古，今人如我更是感慨到口不能言。所幸嵯峨遗迹确在，就连芹川，在如今京都伏见区也还能找到这个名字。我可以和古人、古人的古人共有同一个空间——一个用汉字复现的空间。

如今的嵯峨野没多少肃杀之气，适合和服女子走在木头小屋间。屋子都不高，顶多两层。路边间或有家豆腐店。京都的水好，因而豆腐也出名。间或豁然开朗，现出一块田野。间或有柿子树的枝条伸出墙外——有一枝就出自芭蕉的另一个门生向井去来的"落柿舍"，那也是芭蕉写下《嵯峨日记》的地方。

嵯峨野有河，比如桂川。关于"川"字，我单说说"下鸭川"。下鸭川是京都中心的一条河，一直流经闹市的"四条大桥"。夏天，水流变急，哗哗地溅过河床中间的石子，发出够大且清凉的声响。人们三三两两坐在河两边，看水；也有人踩着河床间的石子过河。有下鸭，当然就是有上鸭的。既然提到鸭，名副其实，水里是有成群的鸭子。

从我住过的"里之前"公寓，到"四条大桥"的"下鸭川"水域，骑自行车不过十五分钟。那时，只顾为生活、学业和签证焦虑，竟放不下心来去享受美景，但下鸭川的水到底还是淌在了我的记忆里，把那三个方块字也弄出夏天的水流声来。

啊，长崎，今天也还是雨

长崎，一个因为原子弹的蘑菇云而几乎人人皆知的城市。长崎和中国的交流历史久远，对于中国人，长崎似乎更有了被熟悉的理由。

在不少中国人的感觉里，日本是弹丸之地，我在上海的一个旧同事问过我："日本就那么点大，老早兜遍了吧。"哦不，不是这样，我这么回答，他总不信。可真是不容易兜个遍的，就连早一代的留日学生鲁迅，文字里提到过上野的樱花，只是提及而已。曾经人在东京的他，据说连上野公园也并没有去过。

我在日本数年，住在大阪的时间最长。即便对于大阪也知之甚少。有时骑着自行车稍稍滑远，过了熟悉的町和区，或乘电车驶向另一个平时少去的方向，我就一分更添一分地愕然：这也是大阪吗？远远比不上中国幅员辽阔的日本，其实是一个村、一座城、一个县，密密麻麻，无数的点，无数幅不同的风俗画。作为外国人和留学生的我，经济和时间上捉襟见肘，无法自由地旅行。但就算当年我的处境不同，要想体会那无数的点，还是一个不易实现的庞大计划。

　　长崎就是应该去却始终没去过的许多点中的一个。不是因为原子弹、与中国的贸易，或在关西也可品尝的长崎炒面，我的长崎体验还是不可避免地发生了，像命中注定。

　　那时我住在大阪府箕面市。是入学迎考阶段，想专心复习，又缺乏克制力的我，只好将电视机搬到地下室的壁橱里。电视费收取员对住户做地毯式搜查。"我不看电视。"我说。人家不信："这房顶上电视天线完备，卫星电视的小锅盖都有呢。"我只好"引狼入室"，让"狼"亲眼看看在楼下壁橱里睡觉的电视。"狼"走之前盯我一眼："你不会我一走就把电视机从壁橱里拿出来吧？"

　　我寄居的屋子里，家具的大小和成色各不相同，是不同时期凑来的。床从房东那儿借的。那台有些见不得人的电视机是日本人淘汰在留学生寮门口，让我捡回的。日本人是这么处理垃圾的，若物件还能用，就贴了纸条，写上"欢迎再利用"。若已完全报废，会将电线插头剪断。不过，我也买过一台爱娃收录机，买过写字台，附带一把硬邦邦的折叠椅。写字台放在窗前。箕面一带的建筑，不少造在半山道边。看书的间隙，一抬头，就能看见半山腰的云。若是四月，山樱那么白，连片的

小林清亲 《梅若神社》

樱花,其实是白色多过粉色,更多过红色。箕面山上的樱花就是连片的云朵。看那样的山,晴天不错,我觉得还是阴天更好。

箕面也下雨,我不记得多少疾风骤雨,记忆中多的是淅淅沥沥的小雨。在箕面,也是可以感受到梅雨的。梅雨这个字眼的发音,在日语里刚好和"汁"的发音相同,总让我无端地想到油汁,进而更无端地想起一句话:春雨贵如油。梅雨不是春雨。在日本,梅雨为人称颂的多,并不让人首先想起东西发霉、雨后晒服。相反带着点唐诗的古意,如同梅雨的前锋总是从中国那边过来的。

这样一个淅淅沥沥的梅雨时节的下午,我听到收录机里的一段旋律,这旋律似曾相识,这么唱着:

> 只对你一人付出的爱
>
> 爱的语言相信过的
>
> 寻找试图去寻找
>
> 一个人,一个人彷徨
>
> 还能走
>
> 却愁肠满结
>
> 这石子路呵
>
> 啊,长崎,今天也还是雨

这旋律如此熟悉!定神想来,不就是邓丽君的一首歌吗?邓丽君的《泪的小雨》,原来是借用了这首日文歌的旋律。

邓丽君的版本,歌词全然改过,成了怨妇曲:"分不出是泪是雨,泪和雨忆起了你,忆起你雨中分离,泪珠儿洒满地。哭泣,你哭泣为了分离,分离,分离后再相见不易。我重把你的爱情藏在我心底,啊,藏在我心底。就好像藏起回忆。"

原版日本歌谣曲由男演歌歌手前川清主唱:

> 是夜间的丸山
>
> 我来这里寻访
>
> 冷风沁入身体
>
> 我爱的

象牙的船，白银的桨

> 我爱的人
> 到底在哪里
> 告诉我吧
> 街边的灯盏
> 啊，长崎，今天也还是雨
>
> 脸颊上溢出泪滴的雨
> 生命也好爱情也罢
> 都已抛在一边
> 可是心
> 心却还是迷乱
> 喝吧，喝吧
> 一直到醉
> 酒水中总没有一滴恨的
> 啊，长崎，今天也还是雨

女人流泪的是要比男人的多，这首歌谣曲里的泪，想来是男人的流法。不轻易流出的泪，依然夺眶而出，堆在脸颊上，和雨水混杂。如果不能放肆地哭，酒，总可以埋头、不停地喝。女人也能喝酒，这里，却是男人的喝法。

这首歌的作词和演奏、演唱者是一群九州男儿、长崎人氏。

九州男儿，在日本语境里接近于我们中国人说"燕赵男儿"。长崎是历史悠久之地，那里的人便多少沾一点古风，有如酒的醇厚和豪爽。

　　硬中带柔，软中有刚。像传说中的九州博多祭，太鼓声中，男子们扛着沉重的山笠，在三十分钟左右，跑完五公里的路程。既要速度更要展示姿态的雄壮和美观。像我时常在大阪梅田的饮食店品尝的一碗面条，就连面条，长崎的滋味也不同于其他，长崎炒面是刚柔相济的。

　　箕面的那个雨中午后，听这首来自长崎的歌，长崎在哪里，九州的气候如何，都不用计较。只是单纯地产生了共鸣。歌中的情绪，怕是容易让人共鸣的。不喝酒，不会喝，没关系。没失恋，不为恋情，也没关系。歌里有几个让人不得不停留的字眼。比如，"相信过的"。爱情也好，梦想也好，信仰也罢，谁都可能相信过什么。比如"一个人彷徨"——谁没一两件烦心事，没有过那种孤独无助的一时半会呢？再如，悠长又寂寥的石子路。石子路在晴朗的天气，在快乐时可以是浪漫的、雅致的，在焦虑的节骨眼上，却可能硌脚。不过，所有这一切和铺天盖地的雨水比起来，都太具体。雨声可盖过哭泣，也可代替所有的哭泣和心底的呼喊。有了雨声大约是什么都不用说了，啊，长崎，今天也还是雨——这样的雨，似乎指代矛盾和困境本身，又似乎是给予身处矛盾和困境中的人的一份陪伴。阳光是一只温柔的手，雨幕恰如一副悲悯的胸怀。在这样一副胸怀里，也许各种苦楚都能融化吧。

据说，歌碟在1969年始发后大流行，有不少游客去长崎找寻这样的雨，偏偏当年的长崎出现大旱。大概总有一些游客有和我类似的误读，以为可以在长崎大雨中找到别样的包容和关怀。

说到底，这首歌也还是需要长崎的，也许就和长崎的那点浓烈、粗犷有关。换个地名，比如京都，做皇城太久，适宜和服女子和挂剑武士；神户，是外国商船停留，洋人上岸建异人馆的地方；大阪，日本的食堂，是红火的庶民的日常。这三个地方，如果哭起来，想想都还不是长崎的哭法。

这首歌中值得玩味的一句，是关于酒的，"酒水中总没有一滴恨的"。酒水，确实本是纯物质的。偏在被人酿造和使用的过程中，早就脱离了它中间的立场。不是悲就是喜。对酒当歌或借酒浇愁。不对呀，酒水里早就浸了许多恨。歌词中最摄人的一句，在我看来，还是："啊，长崎，今天也还是雨。"每个字都好。"啊"字，情动于衷，发而成声。"长崎"是城市的名字，是主体"我"，也可以是被爱恋的客体，"我"的母亲、爱人或其他。"今天"是所有的日子，也是昨天和明天。天下无新事。雨，就是这样的日子的基调和色泽。你可以说它柔美、抒情，也可以说它晦暗、冷清，抑或深沉、包容。酒水里是没有恨的吗？或许，雨本来亦如是。

我爱大米

如果到乡下的屋子去，如果只是我自己，也不打算邀客吃饭，我的三餐就很好对付。一袋米、两棵卷心菜、一包冷冻鸡肉、一包黑木耳、一盒茶，也能吃上好几顿。

对我而言，这堆精简了的食材中最要紧的还是米。有了米，可以熬粥，也可以煮饭。经验告诉我，若有好米，光咀嚼那米粒儿，便有韧性，有咬头，有连绵不绝的香。比如北海道的米就不同于泰国茉莉花米。泰国茉莉花米香则香矣，可惜香气都在厨房的蒸汽里飘了，闻得到，嚼不进嘴里。女人涂在脉搏上的水，无论是兰蔻还是香奈儿，都抵不过皮肤本身的香吧。北海道的米，依我看，即便算不上香妃公主，至少也是吞了冷香丸的。

在日本，买米是件大事。米自然到处有卖，日渐颓败的传统米店里堆着，大型电器店比如和光电器店里也堆着，日常的食品超市里，米更是必售品，在住宅区散步距离之内。说买

象牙的船,白银的桨

米重大,不是买起来不便,而是因为米贵。十公斤的米总得要四千日元。初到日本时,很不舍得,一点米,也有这么夸张嘛!抗米,能抗个几周,抗不了几月、几年。度过了不舍期,后来也不再折算汇率,拎起一包回宿舍算数。吃米,先放开肚皮吃了再说。即使不买北海道米,秋田的也不错,光名字就让人有胃口。

米贵,不光我这样的留学生这么觉得,日本人也是有同感

川合玉堂《麦秋》

的。因为动辄要费上几千日元,冈山乡间的娘家,抑或东京都市的娘家,母亲大人情愿破费邮资,把通过熟人优惠买得的乡下大米寄给在京都或大阪的城市里求学的子女。这是很郑重、很经常、很受子女感激的大关爱。

"我妈这个月寄来了米,你不想来尝尝吗?"我的朋友景山佳代子得到母亲寄来的大米,觉得自己实在是太阔了。只一碟腌黄瓜、一碗酱汁汤,足以自豪地请客。我顶爱去蹭上这样一碗米饭。那样的米饭,拌上纳豆可以扒拉两碗,浇上茶渍,是可以愁云顿消、满面带笑的。带着这样的笑,彼此停下筷子,喘口气说:"呵,真是好吃!"

景山不该姓什么山,哪怕是有风景的山,该姓"米"或"米田"更合适。

我和她有过这样的对话:

"最想得到的男友的礼物是什么?"

"那我还是想要一碗米饭。男友煮好的一碗热腾腾的米饭。"她斟酌又斟酌,做了决定。

"将来的梦想是什么?"

"最好到老到死都有一碗热乎乎的米饭。"她几乎是祈祷一般。

景山是人间科学博士,在研究所工作,每天上下班经过大阪最繁华的心斋桥,她还曾去约旦的民间组织给伊拉克难民募捐送药。她对米饭有执念，就好像今生最怕的事是有一天吃不上米饭。

我喜欢大米，不能说受了景山影响，但很难排除是日本的日子影响了我。起初当然是因为穷，求省钱。菜可以省，米却省不了。纳豆顶便宜，酱油汤也是，这两样都可以下饭。如果米质不佳，自然倒霉透顶，多亏日本的好大米：每一粒看起来美，嚼起来香，也足够有营养。

记得在我打工待过的法然院边的喜起京汤豆腐店里，煮饭是厨房大事。必由惠美子女将（老板娘）亲自用木合量米，移交给主妇资历最久且最能干的六十岁的平田。平田细心地让米粒与米粒轻轻摩擦，再用量器兑好清水，将米浸泡于水中，夏天约半小时，冬天则要泡一小时。拿电饭锅煮好后，立刻把米饭移到木质饭桶里，因为木头会呼吸，会调节米饭的水分，保持风味和鲜度。同时，平田还会着急地拿饭勺将那一桶米饭一粒粒打开，不让它们团在一处。盛出的一碗饭，里头都穿透着空气，是润活、新鲜、舒展了眉眼的。有个日语词汇"米化妆"，说的就是平田这样对盛出的饭所下的功夫。平田常常踩着碎步从餐厅回厨房，不及放下收拾来的碗筷，就半喘着气说："又被夸了！"气短的厨师八木停下煎天妇罗的手，着急地问："夸什么？""米，客人问，我们的米怎么煮得那样好！"八木一脸扫兴，可他不长记性，不久，总是忍不住再去碰壁。平时有些小肚鸡肠、婆婆妈妈的八木，在这事上倒从未嘀咕过，似乎是有自知之明，自己总比不过"米"。有时，烹调的滋味未必能超过无味中的有味。

平田当然不光会煮白米饭，也会根据季节的变化和饮宴的要求，煮出含有"山之幸""海之幸"，也就是山珍海味的饭来，比如竹笋饭、松茸饭、虾肉饭、鲷鱼饭等；正月和其他喜庆场合，则有"赤饭"（赤豆糯米饭）上场。

煮米饭，如今多用电饭煲。我小时候看外婆煮饭，感觉那可是难事，很难调节火候。特别到最后那几分钟，锅是不好平放在煤炉上的，总得有人伺候着它左边翘一翘，右边翘一翘。偏是如此小心，还有煮焦的时候。巧妇想出对策，在饭里放上一根葱可除焦味。

大米的米字，日本人认为，那是八十八，暗示稻米生产需要八十八道工序，细致的劳作。日文将美国写作米国，借用了这个"米"字。我曾经的同事山本是个小右派，听说后来他到大连生活过，娶了大连太太，不知变成左派没有。当年的山本总喜欢踱到我的桌前问些稀奇古怪的问题。有一次，他问："为什么中国人将'America'称作美国呢，难不成其他的国家不美，只有那里特别美？！说不过去。"不等我回答，山本又说："不过，我们日本将它称为米国，更说不过去，只有他们吃米不成？"

在箕面的山上

大阪府的北面有处地方叫箕面。箕面有山,春天,山上是一片片粉白的樱花,像半山的云;秋天,山上有一层层红色的枫叶,像天上的霞。半山的云儿够不着,天上的红霞采不到。大人、小孩都喜欢一种叫"枫叶天妇罗"的箕面特产,那可是能拿在手上、吃到嘴里的。"枫叶天妇罗"是把箕面山的枫叶裹上面粉,放在油锅里炸出的松脆食物。可箕面这地方,说到底最能让人联想到的其实是山里的猴子。

据说从前的箕面完全是猴子王国。又据说,人们因开拓城市而向箕面山一带挺进时,猴子们可生气了,猴子军团冲下山来和人大战好多回呢。猴子袭击人的住处和商店——那都是些传说,是很久很久以前的事了。

如今,从箕面电车站门口一条散落着几间"枫叶天妇罗"店的街道走啊走,就可以走到箕面山脚下去,慢慢能听见哗哗的水声，一条瀑布从半山落下，把周围的空气都打得特别湿润和清凉。一座座红色小桥架在被绿色缠绕的山石上。三两只猴子在瀑布的水幕下和人一起享受飞溅在身上的星星点点的水滴。也有猴子在石头、小桥上缓缓踱步，眨巴着眼睛，朝游人打量。箕面的猴子如今不和人开战了，它们在等，等人的食物。

不过，常年在箕面山研究日本猴的学者提出警告，不可再给猴子喂食。游人首先要尽可能避免让猴子看见食物，不可让它们习惯于等候，甚至抢夺人手上的食物。不然，会有更多的猴子下山，丧失野生能力。得让野生的猴子回到山里去。

可有那么一只野猴进城很久，成了城市居民、电视明星，甚至有个日本女孩的名字"桃子"。驯养它的叔叔给它穿上小衣服，挡住红红的光腚。桃子从叔叔手上拿钱，手脚并用，一路跑到街角饮料自动贩卖机前。机器里尽是朝日牌饮料。桃子在一只小孔里投下钱币，毛乎乎的手劈劈啪啪在机器表面一阵拍打，机器上的灯亮啦。先听见"咔嗒、咔嗒"的细碎声响，桃子循声摸到撒落的找头。再听得"咣当"一个大动静，桃子循声揭开塑料板，拿双手把落下的饮料瓶捧出来，拧开，咕嘟咕嘟地喝起来。

桃子能买饮料给自己喝，还能替叔叔跑跑腿儿。每每到那时，叔叔在桃子肩膀上挎上桃红色印着"Hello Kitty"的小背包，桃子就明白啦，手脚并用地跑到家门口的杂货店。它拉开背包拉链,从里头掏呀掏,掏出两张纸:一张纸币,一张购物便条。店主笑盈盈地接去,便把东西和零钱放在桃子的背包里——桃子明显地感到小包重了,不过,它背得动。桃子手脚并用地颠回家。叔叔打开桃子的包,掏出一盒淡蓝七星牌香烟,抽出根烟来给自己点上,再从包里掏出根黄色的台湾芝麻香蕉递

川西英《音水》

给桃子。

叔叔爱到处跑,他常带着桃子坐电车。有一段去山里的路,桃子跟着叔叔坐了好几趟,显然坐得透熟了,车子每每停靠在他俩的目的地,不等叔叔招呼,桃子就先跳到了车门口。叔叔决定试试桃子独自旅行的能力。这一天桃子从叔叔手上接过小小的硬硬的车票。桃子捏着票,几次想冲进检票口,又抽回脚步。桃子观察了一会进出的人们,还是弄不懂怎么对付那时而打开、时而关闭,发出砰砰响声的小门。可它不能一直等下去啊。终于,它把票塞进检票口,门开了,桃子怕给门夹住,它从门底下的空当钻到了站里。这真不体面,真是丢了聪明的桃子的脸,可它顾不上这么多了,刚站稳,便撒腿远离那吓人的时开时闭的检票口。

上了电车,桃子就不怕了,只是倍感孤独,以往都有叔叔在身边。桃子紧挨着一个漂亮姑娘盘腿坐下,还是一脸落寞。它不知道叔叔偷偷上了隔壁车厢。电车哐当哐当地摇啊摇,开呀开,桃子看着窗外晃过的树,晃过的河。电车开了停,停了又开,经过一个又一个车站。桃子终于看见了那个熟悉的站台。车停,门开,桃子不假思索地跳出去。在人流中,出现了叔叔的脸——这让桃子意外极了,也开心坏了。

叔叔牵着它走过一条街,走向一个他俩从前没走过的方向,走到山里。山路上,桃子看见好多猴子,只不过它们都露着腚,脖子上也没绳子给谁牵着。它们盯着桃子，有的发出呀呀声，有的咧嘴笑。桃子看着它们，严肃起来。

又一天，桃子赖在家里的沙发上看着电视，见里头有一只和自己仿佛，却比自己、比山上的猴子更大的家伙，和桃子、和山上的猴子一样手脚并用地爬着，爬呀爬，那黑黑大大的家伙眼前现出一片无边无际的麦田，周围没有可攀援的枝头或高坡，黑大个似乎想看看远处。它抬起身子，以便高过田里长得正盛的麦子。桃子看见，这和自己仿佛的黑大个，在翘首远望的那个瞬间，完全和叔叔一样，直立行走了呢。桃子是最聪明的猴子——人人都这么说，打那之后，桃子特别想试试直立行走，它悄悄试了多次，可它做不到。

迷失的孩子

夏天真热,可健太郎喜欢,因为夏天有好多热闹的活动,比如叫"祭"的起源于祭祀诸神或祖先的节庆活动,比如烟火晚会,此外,全家人可以到神奈川县的海滨浴场——在那儿,就能看到海。

健太郎觉得大海真是宽,真是大。早晨,太阳从海水里升起,傍晚,太阳又沉到海水里去,不等太阳完全消失,月亮已从另一边的海水里爬上来。大海里有比河水、湖水里更大的波,更高的浪。近处的波浪击打海岸,远处的波浪摇摆着摇摆着,不知要持续多久,要跑到什么地方。健太郎盯着波浪跟踪它们的行迹,可这太难了,因为大海实在太宽、太大了。

五岁的健太郎已经能带着游泳圈戏水啦,在海水里,他被海浪推动——海浪的力量让他激动,让他在一丝害怕中有更多快乐和兴奋。假如浪头突然间变大,海水里的人都奔跑起来,爸爸会一把夹起健太郎奔跑，爸爸的腿脚比浪还快。一般说来，浪头到了岸边，便不再穷追不舍，顶多卷走健太郎在海边垒起的沙的城堡。

更多时候，海上风平浪静。在沙滩上，健太郎转头，不经意间，一条大船，静静地、静静地航行在身旁。波浪载着大船，波浪和船一起奔向远方。几株灌木，一团团干枯的海带，无数失去光泽的、完整或破碎的贝壳都在沙滩上。当天色更暗淡，健太郎已坐在离海岸有一段距离的屋里眺望海边，他发现，岸上的白色贝壳这会儿被海浪举起，一直举到天上，发出在白天里聚集了的白色阳光——那是漫天的星星在无人的海上。

这一天，健太郎又来到海边。沙滩上的人挤挤挨挨。他走了几步，跟爸爸说话，爸爸没吭声——健太郎转头一看，爸爸没了，明明就在自己身后的爸爸不见了。近处有几个和爸爸一般大的男人裸着上身，都像爸爸，脸却都不对。健太郎往后几步又往前几步，往左几步又往右几步，拿不定主意到底该往哪里走才能看见爸爸——爸爸在哪儿？太阳格外刺眼，格外炙热，健太郎觉得自己晕了，快晕倒了，他哭出声来。

立即有许多人围拢过来，健太郎的眼里全是人。大人小孩盯着他，七嘴八舌。健太郎既着急又难为情。有一位阿姨拉起他的手说，"别哭、别怕，我带你去找你爸爸"。阿姨拉着他走在柔软的沙上，一直走到冰淇淋小店隔壁的小木房里。健

第二辑

川西英 《须磨海水浴》

太郎和爸爸来这里买过冰淇淋,却从没注意过隔壁的小木房。现在,这木房子里有一群孩子,和他一般大的,比他更小的。一个小男孩正流着鼻涕抽泣。一位叔叔在问:"你叫什么名字?""我……叫小弟。"不一会,一个拖着两个大孩子的阿姨冲过来,一把揪住"小弟","小弟"看见她的脸,放声大哭。健太郎的爸爸听到广播,很快也奔到这木屋来,把健太郎领回去了。

后来妈妈告诉爷爷、奶奶、叔叔、阿姨:"我们健太郎在沙滩做了迷子呢。"健太郎明白,"迷子"就是他这样走丢的孩子。阿姨好像看出健太郎难为情,因为阿姨搂着他,摸着他的头说:"这可怪不得我们健太郎,电视里不是说了,就数夏天海滨浴场的迷子最多。"阿姨还说,沙滩上有那么多人,眨眼的工夫就会走散。孩子看到的净是光着上身的男人,穿比基尼的女人,完全不像平时着装的爸爸和妈妈。从裸露的后背看去,以为是自己父母,一看脸就立刻吓哭了。

在夏天容易走丢的,不光是孩子。雷雨天和焰火大会的日子之后,地方派出所的电话就响个不停,都是类似诉求:"狗狗丢了。"那时节,狗觉察到空气中的异样,越发不安和兴奋。听到轰轰的雷声或是往天空射出焰火的砰砰声,狗儿再也控制不住,奋力挣脱束缚,撒开腿没命地跑。妈妈说,这些狗狗是和健太郎一样,成了迷子呀。

怕狗狗丢了的人家给小狗挂上写有住址的牌子。就像妈妈在健太郎衣服和书包上缝上写了姓名、校名和班级编号的布条儿。健太郎就是胸前别着这样的布条上学、放学的。一个春天的下午,他在放学路上走过一条小河,听见一串短促而尖锐的叫声。一只黄褐色的毛茸茸的小鸭子在河里团团转,往左扭着头,唧唧唧唧,往右扭着头,唧唧唧唧。它不能说出什么让健太郎听懂的话,可它的声音听起来是遇上了紧急事。小鸭子叫了足有两分钟,20米外的河面上,现出一只肥肥胖胖的鸭妈妈,不紧不慢、大大咧咧地划着水找它的宝宝来了。

慢慢地,健太郎到了能阅读小学生报的年纪。报上有条带问号的大标题:"海岸上的迷子?"六月二十日,一头小海豹爬上神奈川县的海岸,野生海豹在日本最大的岛本州岛的陆地上出现,实在少见,海豹是走丢了吗?

健太郎在报上读到好多趣事,春天里的小猫最容易跑丢,就连小鸟也会突然飞到陌生院落里,不确定自己是要停留还是离去,大人们赶紧去买鸟笼,收留它们,把它们也唤作"迷子"。

喜起店的秋蝉

有那么大半年，周末我都在哲学小道边法然院对面的喜起京汤豆腐店打工。上午十点上班，第一件事总是扫除。夏天的京汤豆腐店生意清淡，客人坐不满，远没有樱花季和枫叶季那副招架不住的势头，偶尔也有剃了和尚头的。女将第一次这么说时，还特意问我，可听得懂那话里的意思。这不难呀，就是光光的，一个客人也没有啊。女将不沮丧，反而自个儿笑个不停。尽管如此，每一天的开门、关门的程序不能少。何况木窗和隔扇在前一日里都是大开着的，即便榻榻米上没有客人落下的米粒儿，也总有飘进来的树叶儿的。

对于树叶之类，按照前辈的示范，我都是刷刷几下、有力地先将它们扫至廊下。夏天将尽时，榻榻米上、障子上却开始出现不少又黑又大的蝉。

壮年的蝉最受孩子们欢迎，它能有力地鸣叫，它有色泽鲜亮的黄而黑的身躯。但是挂在障子上、倒在榻榻米上的蝉，虽说大而黑却毫无光泽，羽翅也支离破碎，全身有一种让人拒绝的不吉的颜色。想起唐僧扫地恐伤蝼蚁命，面对一动不动、难辨死活的老蝉，我十分踌躇。小心地拿着笤帚慢慢靠近，想碰一碰它的身体，没等真正触及，它竟然腾地飞蹿而起、短促地叫着。只叫了两声、飞了几步，又一头栽倒在廊下草堆里。

午间休息时，我跟厨师八木说起这到室内等死的蝉的飞腾。八木露出诧异的神情，似乎是说，这有什么值得大惊小怪。他略一欠身，从对面桌子底下拣起一具蝉的尸体来："这家伙，活着时吵死人呢。"随手将它甩到窗外去。早晨我这细心的人，明明是将屋子细致地打扫了的。喜起店外有

小原古村 《柳上的油蝉》

山坡、茂林、河水，如此广阔天地，不知何时何故，这只蝉飞进来，非要选在那张桌下躺下。我想起"蝉噪林逾静"的诗句，也想跟八木说，不过，说这些究竟想为蝉辩解什么呢。对于终究死去的蝉来说显然毫无意义，话到嘴边就又咽回去了。我不过是抱着虚伪的蝉道主义罢了，未见得比八木厨师的态度更好。对于蝉而言，它活着或死了，并不是用来点缀诗歌的风光或人类的感觉。

哲学的小道边从春到夏，一直树木繁盛，始终绿意撩人，也许正因为此，蝉也格外地多吧，多到八木说它吵死人的地步。听我把春水叫寒，看我把绿叶催黄——这句歌词里的秋蝉有一种伤逝之美。若不是在喜起店打工，我不会知道秋蝉成堆地倒下的姿态，不会知道它们让人惧怕的颜色。而那些在哲学小道边的绿树丛里喧嚣了一夏的许许多多的蝉，必已在某一个角落里悄然止息。

几周后，在台风卷着大雨袭击近畿各地时，周末的早晨，我在喜起京汤豆腐店打工。第一件事是拉开隔扇来扫除。树叶更黄，榻榻米上，蝉的躯体倏然不见。

京都呓语

　　京都确实很美。从每一条高低起伏的小街走过,都有一种乘风破浪的感觉。路的尽头就是一座山。山不高,却有云雾在山顶缭绕。京都的山像可以跟人走的月亮。在每一条街的间隙,在天空的下面,它都露出来;当你不去注意街边小店,你就能感觉到山的存在。于是,虽然是平凡的人在世俗的街市里,心却可以和那半山的云一起飘浮,轻盈自在,有出世之感。京都简直是一个闹市中的隐居者呢。

　　往往,一间烧肉店的隔壁会有神社或寺院。或有高高的石阶引你往云深不知处,或有松柏掩映下的深深殿堂,让你心生敬畏。银阁寺附近有一条出名的哲学之道。此地有小桥流水,水流两岸有连绵的樱花树。踩着碎石小路独自慢走,看落英缤纷,听流水潺潺,和不远处的山、山上的云相对,定然能领会许多深意,这就是所谓哲学的出处也未可知。

多年前和女友在北京颐和园。那是一个清晨，园内静悄悄的，看不见别人。我们走过一条雕梁画栋的长廊，突然觉得自己于从前的画片上走了下来。两个宫女，可以闲闲地走，可以看春华秋实，可以将诗句写在红了的树叶上让它顺水而去。在流水的另一方，必有一位青年将它拾起。这么想着，我和我的女友难为情地又畅快地大笑，重回现实。不年轻了，也没有惊

小村雪岱《青柳》

人的美貌,即便如此,也喜欢自己的生活如一个不会结束或刚刚开始的故事,如一个耐人寻味却未被说破的谜语。

找到京都的公寓前,我在大阪深江桥的一间公寓借住过几日。隔着窄窄的阳台是对面楼的另一个窄窄的阳台。阳台那一边有另一面窗帘。窗帘后的灯光一日一日亮过又熄灭,熄灭又亮起。灯光的下边是个什么样的人,有着什么样的生活呢。对于那透过窗帘的灯光,我有一丝好奇。偶然,同在这地球的一隅,在擦肩而过的间隙,一个关切的询问是否多余?

一天,京都下雪却开着太阳,冷冷的太阳。我知道有所谓太阳雨,太阳雪是在京都才能体会到的。我撑了伞,街上的人都不打伞,只用奇怪的眼光看我。有了太阳,下雪就不用撑伞的吗?我的眼里闪过这个疑问,太阳雪里不曾传来答案。而在我的伞不确定的开开合合中,雪下着下着就停止了。

我寄居的公寓附近有一条铁轨。常常在深夜也能听见列车经过、道口关闭的铃声,叮叮当当、冲破黑夜直逼而来。听得久了,那铃声跑进了我的梦。梦里也听见有一个声音一次次在耳边敲起,它急促,它等不得我来做主,而后,一辆夜行列车呼啸着跑远。这铃声一次次把我的思绪拉过来、扯过去。就是在这样的节奏中,我继续着我的呓语。

象牙的船，白银的桨

夜大阪

一条街，到了夜里就亮。大阪藏着不少这样的街，尤其在市中心的梅田和天神桥六丁目一带，竟是处处有潜伏。比如北区本庄那些不起眼的小街上，一些白天里没动静的平房，以为没人住的，天一黑，有暖帘挑出来、灯笼亮起来。人影绰绰，一对对在窗玻璃花纹后，不甚清晰，倒更勾动人心。在朦胧夜色和黄色灯光里，透出狐狸于闲置已久的老屋里酗酒的仙气儿。

如此影影绰绰，荡出另一个时间和空间，能有多少世人得知其中滋味呢。哪晓得，随便掀起一卷这样的帘子，见里头几乎都是满席。店主按部就班、不慌不忙，喊一声欢迎光临，并不急于停下手上的活，没有讨好的殷勤，看起来真不担心生意被邻人抢去。生意是各做各的，这一家做冲绳苦瓜拿手，那一家的九州炒面拿魂，各有各的味，就连烫一壶司空见惯的土佐鹤大吟酿，各家烫出的酒温不同，带出的香度就不同。而拿来配日本烧灼的梅干，也是各有各的成色和大小的呀。

　　北区本庄多市民和大学生，这里的小餐馆和欢场游廊不同。游廊里就连厨师的帽子、女将的和服腰带都闪亮而挺括；盘盘碟碟描金绘彩。那里年长的男食客居多，让店家一律称为先生的是那些医生和律师。社长之类的生意人就更多了。这些生意人、医生、律师吃饭往往带着年轻的漂亮女人。男人约会女人，即便想着肉欲之满足却大抵还是从食欲、从一起吃夜饭开始。食客有瓶装威士忌等寄存店中，一来不能一次喝完一大瓶，二来也好生出和店家的长久亲和之感。中之岛的丽嘉皇家饭店有数十家各式餐厅，比如日本料理店竹叶亭的厨房里，寄存酒柜处贴着各种各样的备忘纸条，有一张这么写："渡部先生存放的乐加维林。这位仁兄每次带来的女人都不同，切忌以渡部夫人贸然呼之。"

　　我这样的穷学生也有下馆子的时候。傍晚从地铁站爬上来，两腿疲惫，往家走本是向左拐的，一念之间，一抬脚已经穿过马路，直奔对面的小店，要点一份现成饭慰劳自己。一间普通的吉野家，投币后在菜单上按钮。店面清清爽爽，离柜台最近的台子上有一只大饭锅，供客人自己添饭。每张餐桌上除了酱油和盐，还有一玻璃罐的腌咸菜，萝卜干或黄瓜片的，偶有不同，都特别下饭。我跟那些壮实的男人一样踱到饭锅边添饭。我是觉得猛吃一顿更划算，也能消解十天半月的嘴馋。吃得太饱，好在是吃得下、吃得香的。

其实我住的宿舍楼斜对面就有一家饮食店的。到了秋冬,柜台处一刻不停地咕嘟着关东煮。我若进店,只要可能,都选左侧最里边的木桌,坐在那里吃一碗亲子丼或天妇罗定食。咀嚼时,笃悠悠抬头看上几眼,看得见店里所有的人,看得见右侧小街上路过的男男女女,包括在街角自动贩卖机那儿买饮料和香烟的家伙。

朋友佳代子住得离我只隔一条巷子,她喜欢拉我去我们家门口的天神桥筋商店街。那可是全大阪最长的商店街,全都走下来得走 2.6 公里。我总觉得任何一个最寂寞、最抑郁的人只要被空降到那条街上,走上几步,定能被那里的活力传染,进而重新点燃生活的热望。都说大阪是全日本的食堂,这条街好像全大阪的食堂,也不只是吃的,生活的盖子完全打开,里头咕嘟咕嘟煮着庶民的生活。在那里,我光顾过不少门面小、质量高的西服店、吴服店,买过一套白底碎花薄胎咖啡杯、一套厚重的遮光窗帘。买过百元店的小零碎。在始终大甩卖的袜子店停留,总是忍不住扯上几双袜子。我特意拉来一个玩抓娃机的好手,拿两枚硬币换得一只简直抱不过来的维尼小熊。

佳代子喜欢拉我去的是这商店街的饮食店,都是小小的门面和家常便饭。一次让她带到一间专做蛋包饭的店,厨师是一个瘦小伙,红色花巾包着他的头发。我俩在吧台坐下,"可好

织田一磨《安治川口》

吃了，"佳代子脆脆地说，"我保证是别处没有的味道！"眼睛直勾勾朝灶台上的平底锅看，好像再用上点力盯着就能直接盯出一盘金黄的蛋包饭来。厨师的视线从我俩脸上一一扫过，毫无表情，像是装酷，像是心生喜悦，又像多少有了压力。转身在我俩的眼皮底下把打散的蛋黄摊在锅里。

天神桥筋商店街的店主并不都这么沉默，有不少自来熟的。那时我们召集了所谓"女宴"，不带男生，单纯三五个女生结伴聚餐。二十五六、三十岁的女子围坐一团一边吃，一边笑声连连。老板娘忍不住凑过来："是女演员吧。"我们中最好看的佳代子两眼笑成了月牙儿，热烈地看一眼老板娘，转而脸朝我们："是女演员吧。"大家嘿嘿地笑。笑声并不响。须是大阪人，骨子里喜欢笑点和漫才的大阪人，才能这样对话的呀。

女宴也会选在京桥，那里的在日韩国人家庭很多，去那里正为了吃韩式烤肉。日本人对大蒜味特别敏感，一般头一天吃了，第二天就难以见人了。可因为是女宴，本意是要自由地做自己，不再下意识地讨好男生，杜绝矜持和扭捏，放飞自我。弥生矫枉过正，她一边吃，一边抛出几个大叔语词。话题停在大蒜上，到底要不要加大蒜。结果都还是点了。泰子说："你们明天不过是去学校，没什么了不起，我明天可是要去理发店的。"来听点菜的老板娘和我们又是一阵笑。

这家烤肉店也还是小店，不过两三张桌子。它离京桥电车站很近。总感觉电车就在我们头顶后上方的某个空间里轰隆隆地过去。我平时特别爱安静。奇怪的是，在火红的炭火和火辣的口感中，丝毫不觉得这声音嘈杂，反成了类似佐料的东西，好像最正宗的烧烤就是少不了大蒜的味道和电车的节奏的。至少在大阪，就得如此。

　　我住在大阪的箕面时，周末打工归来，出站总有十点半了，而后要走一段短短的坡路。看得见我住的那幢二层小楼在小路右侧，我的屋里黑漆漆没有光亮，那是冬天。下意识地拐进左侧路边"和子的居酒屋"。在吧台坐上把腿脚歇下，对四十出头的老板娘呼一声："请来一盘煎饺。"店里总有三四个人，看起来不像有哪一个正被什么别处的别的人等着，就有一搭没一搭地在这个点凑在同一屋檐下。好像檐下避雨。也让我想起童年冬天的挤小矮子，小伙伴分排在墙两边，缩头夹颈地对冲，挤到这边，挤到那边，挤一挤能暖和些。一盘煎饺下肚，看了不少老板娘四喜丸子一样的笑脸，也听了室内有一搭没一搭的话，我笑了好几回，我的身体热起来。毕竟夜已深，只好和老板娘说一句"谢谢款待"，推开暖帘出去。只剩下几步坡道，走起来不怕它黑了。

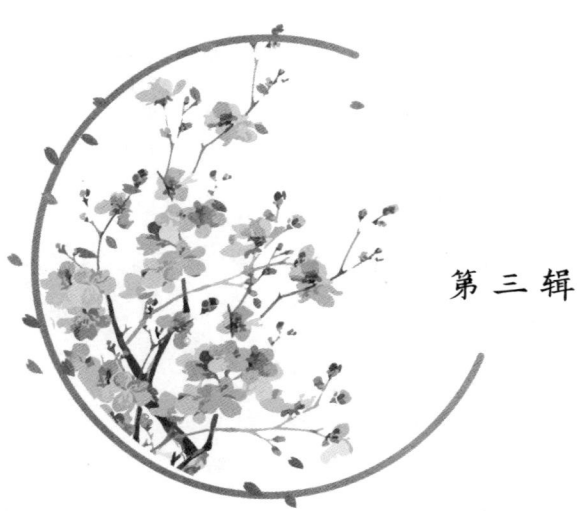

第三辑

六甲的野猪

野猪在离大城市的不远处也有,这真让人吃惊。比如神户。

提起神户,人人都知道那里有水,有所谓"波止场"。神户是海港,有"异人"离舟登陆,造了很多座异人馆,用今天的话说,就是洋人造洋房。

正是那异人馆,让神户添出优雅的异国韵味。仔细看看,异人馆其实也是造在坡上的。神户并不是一马平川,相反,还是背靠了一条让当地人骄傲的山脉,叫六甲。全日本有名的职业棒球(日语称野球)队阪神老虎队,有一首队歌就叫《六甲之岚》,它高歌青春霸气的美丽,开头就吼上一句"六甲的山风"。

六甲山上,不仅有飒爽的风,而且,据说由于市民抛弃垃圾不慎,山上的野猪不寻野食了,化缘一般,一步步下得山来,瞄准了路边的垃圾。野猪走得多了,大白天的,甚至也开始瞄上独自走在坡道上的主妇。往神户大学的路上,就有这样的坡路。

主妇拎着超市的塑料袋走,感觉身后有动静,被盯上了!心头恍惚,难道遇上了痴汉?日本的痴汉可不是什么痴情汉,而是对女人动手动脚的色情狂。在某些僻静地方,如奈良或是大阪箕面的山里,不乏贴在路边甚或石头上的告示,提醒人们:此地有熊瞎子出入。但也有另一种告示,就不光是偏僻的山地有,城市更常见,写的是:警惕痴汉行为。

拎着超市塑料袋,女人不敢回头,加速跑起碎步子,可又跑不开。身后那一个,似乎呼哧呼哧地喘着气,紧紧跟随。然后,感觉真是靠过来了,却没有抱住她,而是有什么沉重的力量撞

川西英 《六甲山之夜》

击塑料袋——一头黑褐色的野猪。女人的反应都是相似的,只是日本女人叫起来,发出的不是"啊"这个音,而是叫一声"kya"。女人被野猪撞了一脚,于是她"kya"地大声尖叫,抱头而跑,塑料袋里的橘子、蘑菇、鸡蛋,滚了一坡。

  我的熟人,神户大学的女学生知子有一天进城去,先走上一小段下山路,打算到前边的巴士站乘车。到底是在半山腰上,人影罕见。巴士站已在视线里了,今日还真不错,站里有一个人一动不动地坐着,知子舒了一口气,不那么冷清,也不怕野猪路过了。再走几步,她认出那是一头等着巴士的野猪。知子没敢"kya"地叫出声来,而是赶紧收住步子调头。

  听说,神户的野猪在夜间甚至知道等信号灯、走斑马线。在六甲山一带,野猪,人,野猪,这样间隔着一起过斑马线,一起爬坡走山道的景象,说不定有一天,你就能见到。

年贺状·早梅枝·喜喜猴

"年贺状"其实就是日本人传达新年祝福的明信片,印着"谨贺新年",或是"去年多谢关心、提携,今年还请继续关照"之类的话。

我在日本留学时,没有时间和心情上的余裕,通常只在邮局买了带抽奖号,有"御年玉"的年贺状,在右上格填上收信人的地址、姓名,在左下格写上我的地址、姓名,仓促发出。所谓"御年玉",本来是贺年的金钱和物品。

邮局在年后开奖。人人可按号码在各大邮局兑奖。在1990年代末,大奖可达一百万日元,次一等的也有当时正流行的液晶电视。我中过铅笔、邮票,有刹那的雀跃。对自己说,也算中奖了,哪天顺路就去附近的邮局拿一下吧,把年贺状随手搁在抽屉里,转眼却忘了。

日本人还有买白板、无花纹年贺状,自己涂涂画画的,那一种略便宜;也有在店里特制个性化图案和文字的,那自然最贵。无论哪一种,添加了手写的三言两语,描述近况的,最得收件人欢迎,有亲切对谈的意味——诚如中文俗语:见字如晤。

这样的"年贺状",邮寄人署上的日期不会是旧年岁末的某日,而是一律写新一年的年份,一月一日或是元旦。不是今天一张、明天两张地塞到你家信箱里,而是明明年前寄出,它们在外头耐心地聚了头,一起排着队,在元旦这天来敲你家新年的门。比如一户姓高樱的两口之家,男主人叫高樱善信,女主人叫高樱和子。元旦早上,高樱家的信箱里会放进三束用扎

前川千帆所作　年贺状

实的橡皮筋捆住的"年贺状",一个全是善信的,一个全是和子的,一个是同时有夫妇俩名字的——绝无差错。每到岁末,邮局狂招季节工,里头定有专给年贺状扎橡皮筋的人。大年三十才出动,年初一中午前抵达各户邮箱,怕只有日本邮局敢这样较真——日本人是有品着年初一的"御节料理",享受自己收到的年贺状的习惯。

年贺状的图案和文字有异,但都是标准明信片大小。年贺状也有专用塑料盒,这和名片盒功能一样。在强调收纳技艺的居住狭窄的日本,这样的盒子在百元店就有卖。收集好寄来的年贺状,来年不至于有疏漏和失礼。虽说图案不同,都是红红绿绿,或用十二生肖,或用翠竹、红梅、青松、仙鹤,有人间烟火,也传达迎春的喜庆讯息。

有在正月前就到的明信片,却只是黑白的文字:这一年,家中有长辈过世,身处丧中,不能寄年贺状,致歉云云。你给这样的人家寄年贺状并不算失礼,但多数人会采取更谨慎的态度,只寄寒中问候明信片。

在2000年,日本电视上的手机广告高呼:都二十一世纪了哟,还写年贺状就太落伍啦,当然要发手机短信!弹指间,多年过去,年贺状作为一种文化,和刺身大约并无本质不同,并没有被彻底淘汰。

年贺状的起源,据说最远可追溯到奈良时代,是贵族间的习惯。江户时代，武士间也开始了贺年卡片的交换。而它真正的盛行，是由于明治时代邮政制度的完善。明治六年（1873）邮政贺年明信片发行，人们不必亲自登门拜访，借助年贺状，新年问候得以简化。

据明治十八年（1885）一月八日星期四的《时事新报》记载：每年一月一日，东京街头的邮件发送就只有一次。今年增加了三次，成了上午两次，下午两次。

而在明治三十二年（1899）一月八日星期日的《读卖新闻》上，有这样的读者来信：在凡事都越发简便的这个世界里，年贺状无论是印刷的还是亲笔书写的，都让收件人感慨万千。

第二年的十月，日本允许私人制作明信片，出版社间的竞争有了发展。第一份私人印制明信片是和《今世少年》杂志一同发售的，叫"吹肥皂泡的少年"，于明治三十四年（1901）作为年贺状使用。十二生肖图案的出现也就是这个时期。比如，明治四十二年（1909）是酉年，就有公鸡和母鸡图案的年贺状。大正九年（1920）是申年，年贺状上就出现了穿和服的猴子立像。除面部是张猴脸，其余都无异于人。内里衣服朱砂红，外头是黑色的小袖，另有藏青的肩衣，蓝色的袴（褶裙），全然一名武士的正式装束。

年贺状图案和如今一样常用松竹梅，朝日、仙鹤之类设计。不消说也受时局影响。如明治三十八年（1905）适逢日俄战争爆发，年贺状里出现了军人骑战马的图案及"祝福胜利""帝国万岁"的字眼。

两年后的明治四十年（1907），年贺状竟达到四亿枚。占全年度邮件的百分之三十。

日本人认为，干支计数年份的习惯帮助维持了年贺状这种贺年明信片长年的流行。从明治、大正到昭和，年贺状一直顺利发展。昭和十六年（1941），年贺状因战争爆发而消失。战后，在昭和二十四年（1949），贺卡附带御年玉（压岁钱）重新出现。

年贺状之外，还衍生出贺年邮票。贺年邮票于昭和十年（1935）首次发行，次年使用，有过中断，而从昭和二十三年（二十四年用）开始，贺年邮票和年贺状的图案主要根据这一年的生肖，选择适宜的乡土玩具。必须是喜气的，和正月的氛围协调的。昭和四十七年至五十年（1972—1975）间，没找到与此要求吻合的乡土玩具，不得不采用了其他的。

单说申猴吧，就有不少。比如，昭和四十三年（1968）贺年邮票里的爬杆猴。原始图案最早在1773年的玩具图画书里就出现了。如今是宫崎县延冈市的传统工艺品，是江户时代传下的乡土玩具。

文豪夏目漱石的成名作《哥儿》中，老实忠厚的教师古贺受人欺负，将被发配到延冈去。在哥儿和他的同事们的想象中，延冈是个偏僻的，猴子和人数目相当、共同居住的所在。无论如何，传说延冈的山野曾是野猴的天堂。农作物也因此受害，人们不得不抵御野猴，结果农作物给保住了，孩子们却染上了疫病。人们猜测定是野猴作祟，就在庭院里摆出木制的猴子以示供养，疫病才得到了控制。这成就了一个据说由当地武士的妻子们坚持下来的手工品行业。木制猴身外贴了几层和纸，戴着镶金边的乌帽、背着太鼓和御币的猴儿有三番叟的姿态。而三番叟是歌舞伎开始前的舞蹈，乌帽和长袴是江户时代武士的服饰。

猴子抱着挂有菖蒲图案旗帜的杆子，旗杆有个装置，受风后，旗帜鼓起来，猴子可攀爬上升。爬高，有出人头地的意思。"菖蒲"的发音在日文里同于"尚武"，常用于祈祷成功，为男子开运。装饰这样的爬杆猴成了祝福孩子健康、成功，也祈祷日子平安、丰美的习俗。端午时，和鲤鱼杆一样，是季节的风物诗。

昭和五十五年（1980）的贺年邮票凑烧"喜々猿"于1979年十二月一日发行。作为多次衰退、多次复活的传统陶器，大阪堺的乡土陶器，喜喜猴惹人喜爱。喜喜两字的日文读法，好比猴子的叫声，字面意思又给人喜气的好兆头。三个猴子叠罗汉一样，最下边一个爬着，上边两个坐着。红红的猴脸上，是白色点出的额头和下巴。

平成二十八年（2016）又见申猴！2016年贺年邮票图案是大津绘生肖土铃猴。土铃猴是黏土烧制的十二生肖铃铛里的一种，属开运的民间工艺品。图案来自滋贺县大津传统民间绘画"大津绘"。猴儿将提灯和寺庙的吊钟挂在扁担前后挑着。照理，提灯的一边比较轻，却下垂；按说更重的吊钟那侧却高高翘起。据说，大津绘通常把猴子画得有些愚钝；同时，也想讥刺颠倒的世相——世间就有一些说不清的，不合理的事。这画面也让我想起旧时代里中国大地上的那些挑经担子的和尚，据说他们会拿根扁担挑经书挑袈裟，游走于民间。没准，那挑提灯和吊钟的滑稽猴的原型就是某个挑经担子的日本和尚呢。

2016年另一张贺年邮票和2004年的那一张猴子邮票的设计师是同一个人。2004年，仅有一只在泡温泉的猴子，2016年的邮票上则多出一只，是并肩泡澡的侧影。它们俩到底是什么关系呢，是两代人吗，是恋人、普通朋友，还是其他？作者怎么也不肯说，听任大家想象。但粉红的基调、温泉汤的气氛，传达的都是一种温暖、和煦的人间牵绊。

年贺状的选择和使用方式，也可反映发件人的性情和状况吧。

多少年来，日本文豪也置身其间，这样度过了许多的新年。

夏目漱石的贺卡是印刷品，上方横排"恭贺新年"四个字，下边竖排"夏目金之助"这个名字，左侧上方竖排日期：一月一日。左下是他租赁的居所地址：东京牛込早稻田南町七番地。猛一看，像是名片。当然，夏目漱石在空白处会亲笔补上几个字。

川端康成的贺卡往往是黑大肥圆的楷书"颂春"或"贺正迎春",偶用行楷。字体和他本人瘦骨嶙峋的样子毫不相称,简直说得上遒劲有力。

而芥川龙之介,不惜杀鸡用牛刀,给年贺状这样的小卡片吟出了汉诗。甚至同一首诗复制出不同版本来。比如:

其一
春寒未开早梅枝,幽竹萧萧垂小池。
新岁不来书幌下,焚香谢客推敲诗。

其二
春寒未发早梅枝,幽竹萧萧匝小池。
新岁不来书幌下,焚香谢客独敲诗。

其一是明治四十五年(1912)元旦给山本喜誉司的。其二是同年元旦给井川恭的。当时芥川龙之介二十岁,在第一高等学校读书。山本是之前的学友,井川是一高的同级学友。芥川在贺卡上涂了几笔一个坐在书桌前的中国隐士的面影。

两首诗大同小异,和新年的欢闹气氛不同,诗里春寒料峭,梅花未开,小生的书斋冷清落寞,也许他因此格外思念亲友?又是萧萧,又是推敲,还真有点为赋汉诗强说愁的况味,让人忍俊不禁。

这年年底的大正元年（1912，明治天皇 1912 年七月三十日驾崩，遂改年号为大正）十二月三十日，芥川龙之介给服丧中的友人小野八重三郎发了明信片。不是新年庆贺，是用一首"歪诗"通告自己的近况："檐户萧萧修竹遮，寒梅斜隔碧窗纱。幽兴一夜书帷下，静读陶诗落烛花。"

当今日本知识阶层的年贺状，我也看过一些，记忆里留住的不多。

平成十年（1998）夏，我帮宇治的小野和子教授打零工，译她的论文，外带计算机文字输入。一次是输入她收到的年贺状地址。足有一百张吧。毕竟是明信片，一边输入，一边还是会看到那么几句。印象最深的，是一位知名的女权主义者发出的。几年前，她协助小野和子等一帮女教授、女法官联袂打抱不平，打过一场轰动京都乃至全日本学界的官司，告倒物理学男教授矢野畅，一个对其秘书有长期强奸行为的学术权威。自认是属于世界的了不起的矢野，官司后不得不败走德国。女权主义者在年贺状上通报：刚得到消息，矢野死了，这是正义的胜利！而这个案子到此或许才真正了结云云。我很好奇和子先生如何回复，又没好意思问。

当今百姓难有芥川的雅兴，我的熟人会在卡片上通报家中一年里重大的变化，比如泰子说："长男出生啦，来看看我儿子的小脸吧。"又如裕子有乔迁之喜，就乐于添上一笔，写上新住址："到了这附近，别忘了来看看我们！"

　　五月是少有的那一个每年必定中规中矩给我发年贺状的姑娘。那时，她刚从短期大学毕业，不到二十五岁的年轻一代，却礼数周全。平成十二年（2000），她的年贺状上有行字："今年我结婚了！"可这行字是用红笔画掉的！越明年，又来一张："长女出生了！"这行字又是用红笔画掉的。蹊跷啊。第一年，结婚的事她没解释，我也不便多问。第二年，弄出长女来。五月自己开了口，连说："抱歉！"说她无论如何都想寄年贺状。公寓隔壁的印刷店给人特制年贺状，总有印错的。三文不值二文卖给了穷学生五月。五月说："那些画掉的字，请无视，无视！"

第三辑

妈妈桑

日文里，说起某某桑，最出名的，除了歌剧《蝴蝶夫人》里的蝶蝶桑（巧巧桑），大概就是妈妈桑了。不巧，或者说巧得很，说的都是女子，又都沾一点烟尘。

肥瘦不一、东洋西洋的蝶蝶桑在歌剧里见识过。妈妈桑，虽说我在日本待了好几年，惭愧得很，到底也不敢去欢场看热闹。妈妈桑穿和服居多，和同样穿和服的传统民宿的老板娘，所谓"女将"又不同，妈妈桑做的是"水商卖"，就是做带有一点色情意味的酒水买卖的。我对妈妈桑的印象是从日本电视里播放的纪录片得来的。

有一位全日本有名的东京银座的妈妈桑，二十多岁。她每日睡到上午十点左右，起了床，就抖擞精神开始战斗。上网，给所有客户发问候邮件，劝加衣加饭，说她的思念，说她想见上一面。然后遍览当日报纸，做笔记，经济政治文化，一一看过去，搜集好拿过来，于夜间同店里的客人说话时做谈资的。下午，去美发店做头发，总要几个钟头，发髻抹得油光发亮——穿和服没做发髻，就和西装配了三寸金莲一样使不得呢。然后，在黄昏时分，在大多数主妇快要烧晚饭时，她走进自己开的俱乐部。她对手下的一帮男男女女指点当日形势，最后短促地吆喝一声："一起加油！请多关照！"她看起来温婉柔顺，却是有内芯子的蜡烛，不怕底下人不服帖。

我们中国人，尤其女性，对妈妈桑以及相关的斯那库一类字眼都很忌讳。日本人并不怕。妈妈桑的含义的边界有时也可以含糊起来，也不都是果真卖笑的。取代妈妈桑这样完整的叫法，日本人也喜欢单是唤一声"妈妈"。

住在大阪府箕面时，我的房东太太五十出头的样子，独女成家了。房东太太对我好，我无以回报，烧了点中华料理，会兴冲冲地给她端一碗去。头一天才端了碗麻婆豆腐去，第三天，我听到敲门声。打开门，房东太太笑盈盈的：爸爸回来了，爸爸今晚要请客呢！她是说，她那偶尔要去京都单身赴任的先生回来了，她的先生请吃晚饭。

我们仨顺着坡道下山去，从路口那家鲜花店门前，拐进一条僻静小街。在一个餐馆模样的屋子门口，轻推暖帘，"爸爸"打开拉门。里头已有两三个客人围着吧台小酌，吧台内站着一个四十岁上下、白皙的鹅蛋脸女人。"爸爸"管那女子叫"妈妈"。在吧台还未坐稳,"爸爸"朗声道:"妈妈,老规矩,先来一份海老色拉,一份玉子烧。"略停顿,又道:"妈妈,来杯生啤。"主菜还未点,已连叫几声"妈妈"。

而后,他转头对房东太太说:"看看你和小王要喝什么。"

房东太太本是中学国语教师,早年为照顾瘫痪的婆婆不得

小村雪岱 《雪晨》

已做了家庭主妇，如今自由了。一个端正的大家闺秀，吃用都是品质正宗的产品，发型却始终是一刀切的短发，不涂脂抹粉，也不披金戴银。春天里，喜欢开着她的粉色丰田到山上看"属于我"的樱花，就是她最喜欢的那一棵樱花树。平日里喜欢伺候院子里小坡上的亭前亭后的花。她最爱做周末木工，也擅长拿电钻朝墙上打洞。

坐在吧台上，房东太太几乎无话，我也不晓得说什么，就听"妈妈"给这个客人添酒，给那个客人加菜，还特意走出吧台，搂住我的肩："哎呀，中国的客人！"房东太太局促地坐着，没有话，那敲开我房门时的神采熄了。

菜的分量只一点点。看不见多少厨房的烟火气，好像只是"妈妈"变一点戏法，弄出些下酒菜来，而她的戏法还不够纯熟，所以只能小打小闹。这店里拿手的不知是酒还是菜，抑或只是安顿大家散坐着，听"妈妈"说说闲话。

话头被男人们和妈妈桑抛开，接起，只有我和房东太太无法进入。房东太太解释，她很少来这店里，她生理期时就打发"爸爸"来这儿填肚皮。

这不过是和一般的居酒屋差不多的小酒场，倒也有放松和解乏的意思。我糊里糊涂地吃了一会。天暗下来，"爸爸"对房东太太说："你和小王先回去吧，我再喝上两杯。"房东太太就拉我起来，我赶紧放下筷子。往山上走，她也许想她久别重逢的先生，我想的是还没填饱的肚子，回去我到底要不要再开锅，不由得都静默无语。

我们大学院有个女助理前田，是一位五十出头的老姑娘，汤团模样，肤色白皙，没脾气，小个头。她从二十二岁就在研究科五楼那间正对楼梯的接待室里坐着了。接待室的格局，迎面有个柜台。无论谁要领会议室的钥匙、借教授大印，一律在柜台交接。

厚东老师平时多是一副淡淡的样子，吃不准他要理你还是不理。没课时，他就待在自己研究室里。有一天我在前田那里借钥匙，听见接待室里间爆发出一声大笑，竟是厚东老师的声音，把我吓了一跳。那是很不严肃的，在自家起居室、赖在沙发里、甩着脚尖的拖鞋，看到或想到什么，迸发出的大笑。前田笑盈盈地，压低嗓音："你们的老师在里头吃午饭呢。"

不单厚东老师爱在那里午餐，其他几位据说也喜欢。

因为研究的课题是酒场文化，景山见前田这里人气这么盛，就叫前田妈妈，妈妈桑的意思。前田才不动气，反而很受用。日本女人相信男人是一半小孩、一半野兽，妈妈就是那抚慰他们的暖和胸脯，无论用语言、用酒水，还是用一碟小菜。或者像前田这样，只将里间沙发随时收拾好，把先生们的便当热妥，配合着只在外间轻轻说一声：真是这样呢，可不是吗。

景山原本喜欢酒吧，她失恋那会，误闯同性恋酒吧，意外发现一位六十多岁的同性恋男人有睿智的阿姨的感觉,实在贴心得很。景山喜欢酒水味道。她把前田唤作妈妈还不够,又眼馋那数尺柜台,笑眯眯地和前田勾肩搭背,站在柜台后对我说:"前田是妈妈,我是小妈妈。"

那真是一段喜乐时光。我以为前田会一直站在那柜台后,前田一定也这么想,毕竟也就一年半载,她便可以退休,好回家安安稳稳、一心一意地伺候老母亲了。

很快,我们的厚东老师做了系主任,上任不久遇到大学节流裁员。前田给安排到系资料室做负责人。前田的位置被其他部门调来的三十岁的女子替代了。

前田这么个黏糊糊的汤团也会生气,也敢生气呢。她气的是,明明有苦,话倒是让厚东老师说了去:"你做了一辈子助理,应该挑战一下新事物了,何况是让你做头头。"所以前田看到我就说:"你们的老师,了不得,大教授,会说话。"所谓做头,不涨工资的,也没有职称,要钻进无头案一堆的系图书室重新学新技术,还要理出头绪,苦哇。

我打工的同伴里有个短期大学的中国女留学生,交了个在大阪"站前留学"英文夜校教口语的美国男友。她不大满意,有一天一起在食堂吃饭时,她几乎自言自语地说:"这男友能不能要呢,人太傻。"一桌子的人问,怎么个傻法。

女生说,某一日,她思考毕业后的出路,就她那张文凭,找工作不容易呵。在日本不易,回国也难。但总要能赚钱才好,她就咬咬牙,自言自语:"管他呢,实在不行,一毕业,我就回老家,做妈妈!"她的意思是说开一家赚钱的酒吧,做个妈妈桑。她那美国男友听了,上前一把搂住她:"你做妈妈,我就做爸爸!"

从此以后

曾经,在"里之前学生公寓"里,我看过电视里播放的《从此以后》——一部由夏目漱石同名小说改编的日本电影,一个在现代让人觉得不可思议、发表时引起很多人共鸣的故事:

富家子长井代助看出友人平冈常次郎对三千代的倾慕。出于成全之心,他埋下自己的心意,成全友人的姻缘。数年后,三人再会。代助尚无定职,靠父兄接济;做了丈夫的常次郎让生活压迫成颓废之人;三千代为家事所累,贫穷而病弱。代助的家人张罗着他和千金小姐的联姻,代助再也不想回避自己的真心。

暮色里下着瓢泼大雨,冲破间隔的岁月和雨幕,女人手捧着一束百合花单独赴约,这似乎透出她的期待。代助对三千代倾诉衷肠。三千代泪如雨下,眼里都是疑问:为何当年不说?临走,她丢下一句话:对最坏的结果已做好心理准备。

明治的年代、婉约的措辞、雅致的服饰和色彩——都是这部电影里让我难以抗拒的元素。少妇模样的三千代丰满又带着疲惫，比少女时代的纯美添了一层性感。两名男子散步于她的左右，绿叶一般，两片叶子却晃眼。一个言语不多，颀长，俊美，几乎还是青年；一个，多了中年的况味，却有未曾褪去的倜傥。

从此以后，三四年过去。有一天，我从大阪去京都，坐京阪电车。本来，那并不是去京都的唯一选择，我更经常走的其实是另一条铁路线叫"阪急"。日本的所谓"电车"也有竞争，竞争就有广告。

我立在站台上，一列车驶离了，陡然多出一片空来，露出两条铁轨那一侧的墙，墙上有一面巨幅照片：满开的樱花。

小原古村《百合与蝴蝶》

在这樱花季里，樱花图片可以说触目皆是，大同小异，年年如此。常见的满开的樱花图和深秋枫叶图一样，里头多半有一位和服少女。

这幅照片里也有一个人，一个中年男人。微微侧着身子，在明媚的风景里，他似乎欢喜着，眼神又略有保留，若有所思。图片配有文字，在我的记忆里，叙说的是这么一句话：那一年，和那个人，是一起去过的呀。

应该说，这是一幅成功的广告。因为事隔十多年，它还成功地留在我心上。

我看到这幅广告后的瞬间里，时空不再是京桥站台。所有的噪声潮水般隐退。如果可能，我愿意做那个人，我怕是已经做了那个人，那个跟随他去过某处的人，那个在如此艳阳天里，满开的花下，让他想起的那个人——那一年，和那个人，是一起去过的呀。

一条似有似无的铁轨，在春色中延伸。

那个男人，有着那样的一张脸，我在《从此以后》那部电影里见过。

高樱善信是我的同门师弟。有一回，他问起我喜欢的男士类型。我一下子想起这幅广告。高樱是京都府人，又时常走在京阪道上，对这条广告熟，立刻哦了一声："原来你喜欢那样的，趣味还真是很涩啊。""涩"这个字，在日文里颇可咀嚼。

可拿来说柿子和浓茶的口味，也可以说一种摒弃表面的浮华，沉着而深厚的滋味。

从此以后，再五年。在我模糊了的记忆里，我以为，自己喜欢的那幅广告上的男子演绎了电影中的男主角，富家子代助。从网上获得的演员表看，才发现其实是另一个，是那个丈夫的模样。当年没注意演员姓名，记住的更像他演绎的氛围。终于明白，他叫小林薰，京都府京都市人。

又五年，小林薰在中国为人乐道，因为他成了电视剧《深夜食堂》的男主人。他用深夜的料理，抚慰了电视里、电视外的许多不眠人。

大阪书简

玄关的桌上,一个信封引起我的注意。白色长方形封筒,右侧红色的一列,留出邮编位置,邮票还是熟悉的图案:一百四十日元的黑头蜡嘴雀,十日元的蒲公英。是给我的信,大阪的来信。

是我在大阪大学时的导师厚东先生寄来。先生退休了,而后在私立的关西学院大学继续做教授。

信写了两页,这样开了头:

王晔樣

大阪也到底有了充满秋意的气候。"空山新雨后,天气晚来秋",透过书斋的窗户看到的情景,正给人这样的感觉。日本因为源自墨西哥的流行感冒,正处于骚乱状态。大学不得不采取停学等措施。学年学习表给弄得一团糟。瑞典怎么样?你在康健地忙着吧。二月里在我的欢送晚宴上，你特意打来国际长途，感谢这份细致的心意。

厚东先生爱"汉诗"。这也是传统日本文化人对中国古典诗词的修养。他写信以几句唐诗替代通常的季语，再自然不过。他曾托我从中国带回唐诗选本。读后特别以书面总结了几点，首先是吃惊于选诗的角度和日本的不同，让他知道此前不知道的作品，而插图给了他不曾有过的想象。"可惜我不懂中文，就死盯着汉字看，企图看懂。如此猜出了大意，心生欢喜。"书籍附一盘唐诗诵读光盘，借此，他知道唐诗在中文里的发音和在日文里的差别那么大，诧异得很，也觉得有趣。

我曾送给厚东先生两幅我的书法，一幅录"天门中断楚江开，碧水东流至此回。两岸青山相对出，孤帆一片日边来"。

织田一磨《天神桥远望》

一幅录"白日依山尽,黄河入海流。欲穷千里目,更上一层楼"。先生说:"这是我最喜欢的唐诗,这是日本没有的山川才孕育得出的宏大气魄啊。"我有点蒙,这么巧,恰好喜欢这两首的吗?可先生说出的感慨又让我觉得是发自肺腑。厚东先生将我的书法裱好,挂在客厅,拍了照送我。一张不起眼的书法作品,挂在日式榻榻米茶室里,前头摆一只瓷瓶——"登堂入室"的感觉。总之,这是个喜欢引用汉诗的日本先生。

这封信里,先生重点讲述了他的最后一课,在日本,教授退休前会举行最后一场讲演,同事、弟子,以及仰慕者聚集一堂:

就像你在附寄的照片里能看到的,讲演中,我完全沉浸在自己的讲授内容里。对听众的存在一点也没在意。这和刚走上讲坛的年轻时代完全不同。对此,感慨至深。

结尾这么写:

对我来说,退休后,我得以利用残留的一点时间,作为《残日录》,把一些想写的论文写完。到最后的一句了,愿你在异国,将人生的山和谷都积极地跨越,过一种充实的生活。

信里的确附了两张告别演讲会彩照。有图为证,众目睽睽下,这位大先生坐在椅子上,两条腿自由地朝前伸展,左手托着头,似乎在自言自语。厚东先生的授课以精彩出名,他擅长在若无其事、信手拈来中将你带入议题,带入学问的森林。让你细细地看局部,又一把拽起你,带你飞到高处,得一幅鸟瞰图。不过,照片上的授课姿势在属于教授的高光时刻的最后一课上实不多见。我笑出声来。还好另一张照片中规中矩,叫赠送花束的仪式。一名男生代表,一名女生代表,递出花去,恭敬地鞠躬行礼,厚东先生也回报一个笔直的鞠躬,三人的肢体语言表达出他们内心的暖意。

信背面封口处,粘着一张"Hello Kitty"贴纸,外加一张文字贴纸,如一枚印章:"个人面谈"。信封上收信人处,我的地址姓名用罗马字写得很秀气。又因为卡通贴纸,有那么一瞬,我以为这封信是先生的女儿或夫人代为邮寄。转而想起先生说过,他们家做收纳的是他,他细致,夫人和女儿反而大条得很。我不禁对着那只Hello Kitty小猫以及"个人面谈"四个字一声大笑。

以前先生都要轮番找我们几个弟子谈论文,有时会在周末集中给我们打电话。有一次,我碰巧在东京游玩,接到先生来电,他也不寒暄,也不问我在哪里。我急忙奔进较寂静的小街,站立着听先生训导。因为他谈得专心,叫我始终不好意思插话,说自己正在路上。从"都市空间中的文学"到"鹿鸣馆的系谱",

最后，先生按惯例，列出阅读清单。

如今，收到这样的信，确也是一种面谈。其实，我有一阵子没和先生通信了。此前先生有信批评我疏于联络："你还是动动笔写两封信来为好。我百年后，总有人要编厚东书简录的，你的来信能一并收进，跟着后代留名。"因这句话，我抵触起来。虽说也明白，厚东先生有时会使用这种刺耳的表达。

一般来说，日本人写信，无论给男女老幼，抬头就在姓氏后添一个"樣"字即可。厚东先生总是写我的全名，还当着其他同学的面说："你看看你这个姓，弄得人人一写信都要喊你一声大王。""王樣"确实有国王大人、至尊权力者的意思。厚东先生不肯这么叫，我还不愿受用，一提国王大人，总是先想到一个上了点岁数的男性不是？

时间倏忽飞动。我说的这一些也都是多年前的事了。人们早已更习惯于电子邮件。去年，旧同事从日本来，送我一本厚东先生新著。后记里有一行字："本书是不同时期里应不同的邀约写就的七篇论文的汇编。重读之下，我看出自己多年里执拗不变的关心，终于看清这一辈子，我在学术上的意识之所在。"

一位让我们在背地里称为"神"的厚东先生——大半因他的睿智，小半因他的桀骜不驯。这么个在我们看来始终是老早就洞察一切的神，竟在古稀之年吐露他在治学上的谦逊。我把这两行字来回读了四五遍，觉得这也是一封珍贵的大阪书简。

掬金鱼

"金鱼!卖金鱼喽。"洪亮的、拖了尾巴的男人的声音,按说是听熟了的,可每一次它在悠长的夏天的午后炸响,还是让浩二猛地一惊。也只有这样的嗓音才传得远吧,一响,就把整条街过暑假的孩子引出来。一个戴斗笠的男人,一根扁担挑两只木桶。他把桶放下,桶里有清清的水,清水上晃着红、黑、白、黄。

这是幸福的吃惊。只要可能,浩二趿拉着木屐也奔出去。蹲在木桶边看,手指伸进水里,立刻爽快,再等一会,手指痒酥酥的,那是鱼儿"上钩"。浩二喜欢任由金鱼咬,不过,金鱼察觉到不对劲,丢下浩二的手指扭身跑了。不要紧,会有另一条金鱼好奇地游来。假如兜里有零钱,浩二会买上一条。那时的他骄傲地迎着卖鱼人的目光,迎着其他孩子的目光,故意不多话。卖鱼人连水兜住金鱼,往透明塑料袋里送,塑料袋鼓起,彩色的金鱼在里头游。浩二提袋朝家走,一个透明的小鱼缸流动在石子路上。

　　除了卖金鱼的挑子,夏天祭祀神佛的日子里,街区有不少集会,总有好吃、好玩的摊点摆出,其中少不了"掬金鱼"摊。就不是小桶,而是大盆里注满水,水里游满鱼。孩子们握着小网兜挤在盆边。这兜鱼工具是个圆形的糊了纸的小骨架。掬金鱼就是拿这小网兜兜住金鱼,移往容器里。

　　浩二所在的小学附近有家店平时也做掬金鱼生意。掬金鱼的规矩各店不同,这家店主说,付上几日元,只要掬网不破,

河锅晓斋《玩金鱼的小孩》

就能一直玩下去，掬到的鱼统统归你。这条件听来诱人。金鱼就在浩二手边，却总比他的手摆动灵活，忽左，忽右，眼看能捉到，竟又晃跑了。有时兜住了鱼，手上沉了，将网兜提出水面，网面不争气地破了肚皮，金鱼顺水哗啦啦溜走，手上陡然轻了，心里却是沉甸甸的，好像不过在几秒之内，美梦就成了破梦。

最初，浩二能捉到的不过是给金鱼当食物的小鱼。玩了一阵，开始捉到叫"琉金"的金鱼。过了半月，"龙眼"也让他逮着了。店主老头儿的水盆里时不时冒出新玩意。一天，来了一群黑色的蝌蚪。又一天，竟有一条浩二叫不出名儿的青灰色大鱼。老头儿朝浩二眨眨眼："兜着了，归你！""说话算数？""算数。"

接下来的一个月里，浩二几乎天天去试运气，终究也没兜着一片鱼鳞。明白是叫老头儿耍了，又说不了，谁让自己贪心那条大鱼呢。此后路过，心还是痒，可实在没力气跨进店门去了。

过了一阵，浩二听同学议论那老头儿："小气鬼，说好逮着的金鱼都归我们的，现在好，捉到四条，只能拿两条了！"

这一天，浩二路过这金鱼店，店里静悄悄没有声响。店主老头儿站在门口朝街上望。见浩二走过，喂了一声："你有日子没来了，怎么了？"浩二气他明知故问，拿脚踢飞地上的石子，憋出一句："人家都叫你小气鬼哪！"随即飞跑起来。"小气鬼"在浩二的身后喊："喂，改天，我带你去个地方，分文不花,保你逮着金鱼,喂,你去不去?"

一个周五的下午,浩二跟小气鬼往奈良方向去,那是全日本有名的金鱼产地。他俩在西大寺站下车。浩二一路走,一路不安地问:"说好的金鱼到底在哪儿?"小气鬼说:"快到了,快到了。"走啊走,小气鬼走到一个大池塘边停下脚步。浩二奔到水边,看第一眼,又看第二眼,蜻蜓贴着水面飞,贼大贼大、大得呆傻的田螺群就在靠岸的池水里。浩二:"金鱼呢?"小气鬼说:"哎呀,金鱼呢,难不成让田螺吃了?"浩二真失望,气自己又上了小气鬼的当!小气鬼到底是小气鬼呀,就算知道不花钱就逮得着金鱼的地方,怎会告诉我呢!可毕竟跑了那么远的路,不甘心就这么回去。小气鬼拿胳膊碰了碰生气的浩二:"捉田螺吧。"傻大个田螺很快填满网兜。

往回走,他们走的是另一条岔道,迎面撞见一条水渠。鲫鱼在渠里翻着水花。总算见着了鱼!浩二拿网兜捉鲫鱼,咦,鲫鱼队里,混杂着几厘米大、金鱼模样的小鱼儿。它们和小气鬼店里的比,形状仿佛,所以浩二一眼就认出来了,可还是有那么点不同,唉,到底是不花钱的野金鱼,红不是大红,不是橘红,更接近黄色。小气鬼眨眨眼:"看,我说什么来着,不花钱的金鱼。"

回到家,浩二把捉到的鲫鱼和金鱼一股脑倒入鱼缸。不知是眼神问题还是心理作用,捉来的金鱼鲜亮了些。几天后,那白白青青的鲫鱼竟沾上了点金鱼颜色。浩二跑去问小气鬼:"喂,你带我捉的鱼,到底是金鱼还是鲫鱼?"小气鬼说,金鱼和鲫鱼原本是一家呀。

因为喜欢金鱼,浩二被任命为学校的鱼饲养员。学校不光有金鱼、鲫鱼,还有鲤鱼。浩二负责喂食和清扫鱼缸。眨眼间就到五年级了,有解剖鲫鱼的实验课。一名男生和一名女生搭配,一组一组做实验。浩二磨磨蹭蹭,自己是养鱼人,怎好解剖鱼!胳膊只有他一半粗,比他矮半头的裕子催了他好几次,看别的组都动了手,终于抓过鲫鱼,一刀划过,鱼肚子破了,褐色液体冒出来、涌到她手上。

等浩二上了初中,小气鬼的金鱼店关了,街上流行热带鱼屋。浩二去那儿转悠,在那儿总是碰到一个叔叔。一天,这叔叔说:"喂,看样子你还真是够喜欢鱼的,今儿,我把我的鱼露两眼给你瞧瞧。"

他真想给我看鱼,他家里真有鱼吗?浩二有些怕,可实在好奇,就跟在叔叔后头,往他家走。走过大马路,弯进窄巷子。叔叔在一扇门前停下摸钥匙。门开,看见大大小小的鱼缸,满满占据屋子的空间。鱼儿红、黑、灰、黄,大嘴巴、大脑袋,各式各样。浩二更喜欢金鱼,可看见这么多稀奇古怪的鱼也有说不出的惊奇。其中有一群小鱼,身体两侧各有一道深蓝条纹,背鳍、腹鳍和胸鳍发出蓝色荧光,它们成群游动,星光一样,倒有些金鱼的神采呢。

这叔叔是个单身汉,下班后不爱去居酒屋喝酒,就爱上鱼屋,慢慢拖回家这么多鱼。叔叔家的鱼缸让浩二羡慕,做个大人真好啊,能这么畅快地买鱼啊。

爸爸和妈妈不许浩二去叔叔家,说是和这样的人不能太亲近了,否则,不知不觉中,自己也会古怪起来。浩二只好和那怪叔叔断了来往。也是,谁能在兔子窝里放上十多个大大小小的鱼缸呢。

浩二却一直记得这叔叔。也是因为真让爸爸和妈妈给说准了,如今,浩二果然成了街坊孩子眼中的怪叔叔,他的单身小屋里放着大大小小的鱼缸,鱼缸里游着各式各样的小金鱼。他对孩子们说,"要不,我把我的金鱼给你们露两眼吧"。像是央他们带他一起玩金鱼。

时不时地,浩二看见奈良那条有鱼的水渠,那个捉鱼的下午。三十年后的今天,水渠给填埋,那里开了间大超市,人多、车多。行政区划上还算郊外,但分明已是都市模样。在那条水渠里,在那个夏日午后的日光里,游动着连接他的童年和少年的鱼。在粼粼波光中,小气鬼的眼睛在水上眨动,那是一条岁月的水流。浩二每每看见这条水渠,就恍然大悟一般,没错,自己其实是一条身在其中的金鱼。

第三辑

多摩川边，洗了又晒

日本的天气预报除了气温、降水率等之外，还会预报洗涤指数。洗涤指数综合考虑当日的天气、气温、风速和日照量，看纯棉汗衫于室外晾晒两小时后的干爽度，作出诸如"较易干""极易干"乃至"建议室内晾晒"等预报。日本的天气预报准确率极高，洗涤指数让人对某一天是否"宜洗衣"心里有底。电视的天气预报图上画着一件件夹在绳上的汗衫，也有采用一张张女人的笑脸的——没错，在日本，对家庭而言，洗衣总还是主妇的家务活。主妇的一天很可能就从边做早点、边看这样的天气预报开始，好决定是否让自家的洗衣机转动起来。

平成十一年也就是 1999 年，井上和子是定居大阪府吹田市的七十五岁妇人，儿子五十出头，在一家公司任部长，儿媳是钢琴老师，孙子在东京工作已一年又半载。和子早年离婚，就这么一个独子。她因为上了岁数，每天五点不到就醒，怕吵了宝贝儿子的睡眠，且因老式房子隔音差，就只在床上耗着，不敢多动。"可只要我儿子醒了，我就活络了，就呼啦啦把洗衣机转开了，"她得意地告诉我，"我才不管儿媳睡不睡呢！"

和子认为女人就该在男人后头跟着："没看电视上吗，那人气正旺的野球选手一郎（指棒球选手铃木一郎）的妻子弓子夫人，本来可是天天出风头的电视主播，结了婚还不是低眉顺眼地跟在丈夫后头，不是紧跟，是退后几步跟着啊。"和子实在是个老脑筋，不过，她晾晒衣服还真有一套。

井上和子绝不会把洗衣机里刚洗好的衣服一股脑儿掏出，原样儿直接端到晾衣台去。她在榻榻米上铺开一块干净的旧布，把那兴许胳膊拽着胳膊的潮湿的衣物抖开、摊在布上。用力甩开衣衫，抬手将衬衣领子、衣襟边缘等一一抹平。再将衣服折叠。同类的须摞在一起，垒成一座小山。和子一边这么做，一边嘀咕，像是带着荣誉感特意做教学演示："朋友呢要和朋友待在一处。"一边摆上一个刚找到的"朋友"，一边往上一摞。这么一件压一件，重量能帮着压掉皱褶。处理衣服如此，就连袜子和手帕，和子也依同样的程序办。

这么一来，后续的晾衣比未经这番前期处理的实在顺手多了、快捷多了。晾衣本身也还有一点讲究，比如晾一条长毛巾吧，和子喜欢将毛巾横过来，拢成一圈，上方拿挂衣架的小夹子密密地夹好，阳光从上方射来，她说这么晾才干得快。

看到和子将一堆刚出洗衣机的衣服四折、摞高、压平、轻轻拍打,起初我很意外,以为多此一举。自己实践下来,晒干的衣物少了褶皱,多数几乎无须熨烫,不得不感叹,到底是旧式主妇总结出的生活经验。

日本的普通人家,上午的晒台说得上是主妇的颜面。谁起得早、洗得勤,一览无余。别人家的晒台早挂满新洗的衣服,而有一家总是日上三竿不见动静,无需入室,室内主妇的风格已透露出一二。

洗衣还透露着门里头家庭内部人际间微妙的情绪。和子是心里只有儿子的,只洗自己和儿子的衣物,这么做立刻将媳妇踢到"外人"的类别里去了,也剥夺了媳妇对丈夫进行关照的部分权利。

没有长辈在同一屋檐下居住,单自己过日子的核心家庭里,不少主妇不假思索又理所当然地用着一句口头禅,说那身为一屋的大柱子的男主人衣服"臭",因而绝不能和家里其他人的衣服一同下水,哪怕同一色调、同一质地。这一个"臭"字,可能客观反映着某位男士衣领的头油味、衬衫的汗酸味,听起来却如一脸的嫌弃,好像捂着鼻子,避之唯恐不及,好像居家时间更多的人对长时间活动在"家"外之人的差别对待。这才有了语言上小小的"霸凌"吧,这"霸凌"像赌气,像一只无伤大雅的、报复着的小拳头,没准透露的是主妇内心对多多团聚的需求。

具体到洗衣机，日本洗衣机的选挡和欧洲的略有不同，不是按温度，如30、40、60度等，而看衣物质料，如纯棉、丝绸、化纤，或直接选洗涤强度。日本人准备了洗衣专用细网袋，商店街的百元店里有的是，不同规格配各种衣物，如衬衣、毛衣、裤子等，的确能帮助衣服不走形，还免得它们在洗衣机里胡搅蛮缠。

我用上洗衣机是留日后期的事。收入越来越高之后，才终于舍得住上自己屋内带浴室、洗衣机和空调的较现代的公寓。

起初我都是手洗，冬天里也在浴缸里和棉衣奋战，偶尔才舍得去街角的洗衣房，那里有一字排开的投币式洗衣机。

大约千禧年前夕，富士电视的节目里有一位女艺人说自己用上了烘干机，就像突然添了个保姆，舒服极了。那时用烘干机的人不多，主持人也没有切身体会，只空洞地附和一句："哦，是这样啊，是这样啊！"我把注意力集中到"保姆"一词上，飞快地想当然，以为烘干机能吐出叠好的衣物，不然，怎称得上有了保姆呢。又五年，我也用上烘干机，才明白就是字面意思的烘干而已，折叠方面并未自动化，一时竟有说不出的怅然。

我在大阪本庄的公寓时，隔壁住着个听上去二十出头的女孩。我在那里两年，从未和她打过照面。不过我俩的信箱在楼下门厅里紧挨着，我能看见信箱上她的名字。我也听到她开门关门，她在夏夜敞着门对着阳台煲电话粥。一口大阪方言，"真的吗""卡哇伊"，诸如此类，都是年轻人的口头禅，单调而大惊小怪，也正因为如此，充满年轻才有的夸张和傲娇。她像是高考落榜，在哪里打着零工，时常深夜归来，毫无预告地开动阳台上摆着的洗衣机。我的枕头离阳台不远，权当下一场突如其来的夜雨，亏得当时也年轻，那洗衣机的无厘头运转并不妨碍我在"雨"声和偶尔的"闷雷"声里快活地流连梦乡。

　　洗衣能手和子曾送我一套古旧的小学馆版《万叶集》。在那现存最早的日语诗歌总集，收录七世纪前半期至759年、约一百三十年间长歌与短歌的《万叶集》里，有人歌咏"沙拉沙拉，如多摩川边洗了又晒的麻布越发光滑一般，越来越喜欢那女子，却是为何"。一句淡淡又浓浓的情歌，也反映着当时女子在水里洗麻布，岸边晒麻布，以得白色布匹的日常风景。这一句歌用"沙拉沙拉"牵连两个发音近似而意思不同的词，水流的拟声词以及表示程度递进的副词。歌人以一石击二鸟，打开了更宽大的想象空间。这谐音的汉译让我只能笨拙地啰嗦两句却也无可奈何。而《万叶集》里也有无可奈何的女子，叹"离河太远，布只好不洗不晒，就这么缝了"，也有集体的洗晒成为风景的，于是出现这样的问答："筑波山上落了雪吗，非也，是女子们晒着布呢。"

　　将手织的麻布浸于河水中，继而曝露在阳光下是许多年代里妇女们的劳作。所得布匹可抵税,所谓米来交租,布来抵"调"。调是日本昔日物税的一种,是主要由纤维制品抵充的税。因而也有调布一说。本来,多摩川亦作多麻川,"调布的玉川"为如今东京都调布市附近流淌的多摩川古称,"多麻""多摩"和"玉",日语假名都一样。像是要留下一点历史佐证,浮世绘名家铃木春信描摹过调布的玉川,不止一幅,或以遒劲而有动感的笔触写女子在水中翻卷白布如舞绸缎,将辛苦的劳作浪漫化;或展示更平和而细致的风俗,有水边的芦苇,有母子的呼应。水波的线条横向,布匹的纵向,布匹底端浸于水中,遂让纵横的线条有交错,又终究分别得一清二楚。洗布的母亲身子倾于左后侧,在干活的同时照顾着孩儿,她的双脚在水里隐约可见、一只微微抬起,整个人处于动态之中。铃木春信的勾线和构图都雅致而不失沉着的力度,更提炼出辛苦劳作里有力而轻盈的美,翻卷的白布上凝结着女子的和生活的精神。

这些歌和图虽说着墨于洗布晒布,昔日的女子们在河边洗衣的场景借此也可想象一二。

此外,洗布和晒布基于这样的认识:水能溶解杂质,阳光有漂白作用。昔日庶民的衣裳多用麻、苎麻等硬纤维,越是洗就越是白也越是软。用棍子敲打使纤维更添光泽的方法据说早在奈良时代(710—794)前已从中国传入日本。而要洗去衣衫上的污渍,在旧时的日本多用无患子、皂角、米汤等,皂角和

铃木春信《调布的玉川》

无患子含皂角苷，米汤含麸皮和酶，都能去污除垢。而后肥皂登场，甚至出现在德川家康的遗产名录上。

　　于河边以捶衣棒捶衣、在木盆中借搓衣板搓衣，洗衣在当代更演变为揿一两个按钮让洗衣机自动完成。不过在日本家庭中，女子洗衣依然有一幅刻板的图画，在那洗涤指数的预报里，纯棉汗衫边还不曾出现男子面孔，只有女子的，一张又一张、对应着各城各乡地名的小圆点。

第三辑

叫卖四季，长音复短音

住在大阪北区的本庄时，从二楼阳台能看见两条四人宽小路，一条就在公寓楼跟前，和阳台平行，另一条在朝西五十米外，和阳台垂直，两条路的交叉口正对一爿看不出有什么生意可也并没倒闭的米店，米店隔壁是一间卖汉方咳嗽药也卖面霜的小药房，再隔壁有一家饭馆。秋冬时节，大白天也沉寂得如褐色石块的米店上了门板打了烊，店前的路口空地上，一盏红里透黑的灯笼亮起来。在寂静的冷风里，一个略微粗哑的声音对着黑里透白的空气喊："石头烤红薯哦，红薯！"

灯笼看起来热乎乎的，吆喝声厚实，须如此厚重才能将风吹的落叶以及就要给吹开的某些东西抓牢、固定住似的。烤红薯自然热乎着，我从未下楼去买，可我喜欢看、盯着看，看那一点红；喜欢听那里的响动，感觉生活的温暖就在面前，这份光景在秋冬给我以全部的支持。

烤红薯不难理解，石头烤红薯是将红薯埋在受热的石头里、间接地烤熟。有的卖红薯的跟本庄的小贩一样，撑开带遮棚的露天小店，也有开着小货车穿行的。左近住民总有几个听到动静会靠拢而去。红薯用纸袋装，也有拿旧报纸裹一裹的。

如今，叫卖靠嗓子吆喝的少，多放录音，不都因为偷懒，而是因为城市愈发嘈杂，光喊一嗓子往往压不住。烤红薯的吆喝大致相似，一句"石头烤红薯，好吃哦，再不来，走了哦"。也有一些地方的一些人即兴演绎，加上一句半句，"热乎乎哦，热乎乎哦"之类，也都合情合景。

石头烤红薯在1950年方于街头出现，1960年开始全盛期，东京都八千石头烤红薯摊点解决了东北部来京打工者的生计问题。1970年因快餐业出现而不再流行。烤红薯本身可上溯到江户时代，不过江户的街道火灾频发，那时烤红薯只许在大路上的部分店面里销售。明治年间，才有行走的小贩卖烤红薯。烤红薯也并非日本沿街叫卖史上唯一的货品。

时下，仍有豆腐、竹竿、蕨饼和刨冰等物的叫卖声借录音机流淌在城市乡村。从江户时代直到昭和前期，叫卖声是生活的一部分。尤其在商业和市民文化繁盛而工业革命的大浪尚未袭来的江户时代（1603—1868），叫卖声简直是街市的报时钟呢。不单报一日时辰，也报四季变换。声音是一种景致，那里头有巨大的空间，摆满货品，摆满一个时代的生活和人情。

葛饰北斋《日本桥》

一大清早便有人喊"纳豆，纳豆"，还有卖蛤蜊的；午后，补铁锅的挑着担子出现，还来了卖其他杂货的；卖豆腐的一日来三趟，若午后再听到卖豆腐的叫唤，无需看窗外天色，可知夕阳缓缓下矣。江户后期洒落本和滑稽本名家式亭三马的代表作《浮世澡堂》，以江户澡堂为主要场景，展示各色人物滑稽又生动的对话。开篇不久写天亮时分的鸦鸣，嘎嘎；小贩的叫卖，纳豆——纳豆；家家户户打火石的声响，卡塔、卡塔。寥寥数笔记录了那时百姓的晨光里代表性的声响——那时的百姓是在鸦鸣声，在纳豆的叫卖声里苏醒的。

说到江户四季的叫卖，新年伊始，街上率先走来卖宝船画的，一张画着宝船的幸运符。正月初二的夜里，置于枕下可做吉祥的初梦。万一做了不祥之梦，将纸符流于水中，可消解厄运。

紧跟着看得见卖七草的，家家户户需煮一碗正月初七的七草粥。将报告着春消息的七种绿：芹菜、荠菜、母子草、繁缕、宝盖草、菘、萝卜切碎加在粥里。吃七草粥，祈愿一年无病消灾。这也不全是迷信，一来正月里疲劳的肠胃就此轻松了一番，二来冬天缺乏的叶绿素得到了补充。南梁宗懔《荆楚岁时记》录有可祛病的正月初七七菜羹，据说正是这七菜羹衍生出日本的七草粥。

二月里卖着腌制后泛红的沙丁鱼。

三月里卖樱草，它开得出类似樱花的紫红五瓣小花，可做观赏植物。同样供赏玩的还有稗荠,将稗和粟种于水盆,发出青青的叶芽,模拟青青的水田。以江户生活为背景的日本早期侦探小说《半七捕物帐》里就多次提及稗荠,有一日,"半七比平时多睡了一会早觉,剔着牙签往廊台走,看得见邻院的石榴花红艳艳、湿润润,听得见外头叫卖稗荠的声音"。

四月里叫卖柴鱼,新的一年里初出水的柴鱼特别珍贵,唯富贵者能享用。松尾芭蕉也听熟了柴鱼的叫卖声,"是怎样的人今宵因柴鱼而醉酒呢"——贞享四年(1687),在江户的芭蕉庵,四十四岁的芭蕉如此吟哦。还有卖飞鱼和沙丁鱼的。江户的卖鱼人将鲜鱼或干鱼放在圆形或椭圆形木桶中,拿扁担挑着走街串巷。

飞鱼的叫卖声和节奏里有鱼的飞跃感。至于沙丁鱼,日本文学和川柳学者滨田义一郎著有《江户食物岁时记》,其中写道:"夏天的暑气终于弱了,海味和山珍丰富的日本之秋的帷幕打开。海味的预兆就是沙丁鱼。大正初年时也是,傍晚的空中,蝙蝠飞舞时分,煤气灯的点灯夫从街这边斜穿到街那边去点灯的时分,暮色里的河岸上,卖沙丁鱼的边喊边走:'哎,沙丁鱼哦,哎,请来买哦。'我对这一切还依稀记得。"

更有一则猿源氏的故事来自室町时代,原作者不详。三岛由纪夫以此为基础,更参考其他材料,创作出一则歌舞伎剧本,以一个叫卖沙丁鱼的为男主角,在无厘头里传达出一些人间的真实。昭和二十九年（1954），剧本刊于《演剧界》杂志十一月号。同年十一月二日首演，十七代中村勘三郎扮猿源氏、六代中村歌右卫门扮萤火。不管是叫它《沙丁鱼贩子的爱之网》，还是称之《卖鱼郎巧缔姻缘》，这故事写卖鱼郎猿源氏看到被风吹起的轿帘后倾国倾城的名妓萤火，得了相思病。平素有力而高昂的叫卖声里魂儿飘了，无精打采。父亲出主意让卖鱼郎假冒大名去拜访萤火。猿源氏果真得以和萤火推杯换盏，岂料乐极生悲，他在醉梦中开始了自己最熟悉的欢叫：哎，沙丁鱼哦。萤火逼问，猿源氏勉强搪塞过去，倒引得萤火悲从中来。她本是纪国丹鹤城公主，只因爱上一个沙丁鱼卖鱼郎的叫卖声，追出城去迷了路，才被拐入烟花巷。听到猿源氏的叫卖，初以为终于遇到那卖鱼郎，谁知并不是，心灰意冷便要自杀。猿源氏赶紧拦下，解释自己真就是卖沙丁鱼的呢。这当口，纪国丹鹤城的人赶来，带着赎金救下公主。自由了的公主不肯回城，决意和猿源氏走四方卖沙丁鱼去。她命众人操练沙丁鱼的叫卖。叫卖声里，猿源氏和萤火一同离开。这出滑稽而欢乐的戏突出着叫卖声，父亲从魂飞魄散的声音里看出儿子的困扰，公主爱上了声音。这么任性而纯粹的公主是否有存在的可能另当别论，故事显示出往昔岁月里叫卖声的入耳、入心。

四月里还卖青梅，尚未成熟的梅子青色、微硬、略酸涩，看着吃着别有清爽的风味。

五月卖菖蒲。河边和池边蔓生的菖蒲在初夏开出细密的淡黄色小花。五月初五端午节，有将菖蒲挂于门上或泡入浴盆去疫病和邪气的习俗。日本舞蹈"常磐津卖菖蒲"，直接让女郎挑着菖蒲担子且行且舞。每一移步和转身都收放有度而圆润自如。边走边招呼行人的模样，种植和收割菖蒲的劳作，乃至钟馗传说都融化在身体的律动里，在净琉璃的说唱和三味线的配合下细细传达出来。

五月里，甜酒挑子登场，前端是装着盆盆碗碗的箱子，外加一盏方形纸罩灯笼，后端的箱子里是装酒的锅。"甜啊甜，甜啊甜。"就这么喊着，声音委婉，透着甜味。甜酒起先是夏季饮品，后来延展到四季，尤在冬天走俏。昭和初年，街头也还有卖甜酒的。

五月卖笋卖蚕豆，也开始销售一种看起来很像凉粉的食物"心太"，从红藻类煮出胶质寒天，再凝固，整块摆入叫"天突"的切割木器，一压即有细面一样的线条挤出，曾让俳人联想到一挂瀑布。也有拿刀切开的。盛入碗中，淋上调味汁食用。这吃法于奈良时代从中国传入，平安时代仅贵族得以品尝，江户时代普及到民间，很多人爱这一口，这样的画面便留存在许多绘画里。

题为"紫阳花"，于安政元年（1854），由歌川广重和歌川丰国（三代）合作的浮世绘作品里，风景画大家歌川广重画夏天的紫阳花，歌川丰国画身着夏装的坂东竹三郎和中村鹤藏这两个歌舞伎名角。其中一人的手里有一碗吃食，那线条透露出正是一碗心太。

而在《绘本江户爵》里，喜多川歌麿的插画也有表现心太的。小贩、担子、天突、碗筷、吃客和心太都以线描细致地勾勒了出来。如今，心太依然广受欢迎，玻璃容器里的一碗心太看去几乎透明，关东人喜加醋，关西人多淋黑蜜。在食欲低落的夏日能让人爽快入口，还有消解便秘之功效。

六月里走来卖削冰的，是将冰块细细切开，再淋上调味料的冷饮甜品，是现代刨冰的前身。平安时代的《枕草子》里始出现削冰。刀削的细冰之上加上甘葛这一甜味料，放入新的金属碗里，这和水晶的数珠、鸟蛋、紫藤之花，梅花上白雪飘落的景致等一起，被清少纳言归入优雅而美好的事物。那时夏冰极贵重，冬天里切割下的天然冰块在山脚洞穴的冰室储存，待夏天呈献宫廷消暑。运输途中有冰块融化而变小的，细细切割，给贵族食用。江户末期，有船只从北方运冰到江户，冰块不再稀奇。明治时代，百姓也敞开吃了。因制冰技术的发展，明治十六年（1883），东京制冰株式会社成立。明治三十年（1897）后，机器制冰成为主流。

七月卖竹竿，日本的七夕延续并发展了中国立长杆于中庭的习俗。

八月天气渐凉，中秋将近。八月十五供奉月亮的月见团子要预备起来。街上走来修石臼的。日文汉字的石臼并不等于中文的，主要指手推小石磨。上下两层石块间有沟沟壑壑，正是靠着沟壑来磨米碎豆。修石臼的来錾让米呀豆呀的磨平了的沟壑。如此修整一番，做月见团子就更顺手了。

也有沿街卖米粉团子的。这番街头场景在明治十二年（1879）于大阪道顿堀角座的舞台上呈现，继而成为歌舞伎剧目。名角中村勘九郎和坂东三津五郎也演绎过这出戏，还是大阪，天满的旗幡可见，天满桥飞架于背景里。一对夫妇在三味线滋味浓厚的伴奏里，在净琉璃不时的说唱中，挑着担子边走边舞。有词曰："如雪似花的纯白的新面粉，用心用爱好好揉和捏，一起让那团子飞起来啊。"演绎卖团子，演绎边做边卖，男人是杵，女人是臼，而团子是小孩，隐喻多产和丰饶，通俗、生动也滑稽，却未流于粗鄙和猥琐。朴实中有夸张和因此而生的艳丽，诙谐的动作放大了生活细节，对于劳作看似笨拙的戏仿舞蹈充满对细节的咀嚼。人生若不细看，可能就一闪而过、无滋无味了。虽说这出戏暗示夫妻之欢、歌颂子孙繁衍，却以"卖团子"为标题和题材，道具里有扁担，还有杵有臼，甚至在最初的本子里丈夫叫杵，妻子名臼。街头叫卖让人明白时辰和季节，更是庶民生活的血肉和肌理的一部分。

从晚夏到秋天，卖虫子的走上街巷。他们兜售叫声有趣的秋虫，比如铃虫，叫声如铃铛在轻摇。卖秋虫不吆喝，一来，人一喊，虫子便不吭声，二来，虫鸣也让小贩引以为傲吧。卖虫子的时节一说主要在五月末到盂兰盆节之间，因为江户市民有盂兰盆节放飞虫子的习俗。

十二月二十五日，卖慈姑的一定来，边走边喊："哎，慈姑慈姑，哎，慈姑慈姑。"孩子们跟在那卖慈姑的身后跑，兴高采烈，这叫卖声提醒着他们，那好吃好玩的正月新年就在眼面前了。

当然还有很多其他行走的小贩，抒情而唯美的俳句诗人与谢芜村吟道："给卖炭郎照一面镜子，女人哪。"街市上有卖炭、卖油、卖米的，卖金鱼，卖朝颜、夕颜等花苗的，卖扇子、发梳和发簪的。明明是物资匮乏的岁月，通过诗文听那些遥远又接近的叫卖声，又切实地得到丰富的感觉——不是因为货品，而是因为往昔的人们强烈地感受着季节而活着。从正月到岁暮，街上流动着不同货品，飘荡着不同的吆喝，内容和音调有别，可也还是相似，一听便知是叫卖，长音复短音，具体清晰地表达出简短而最要紧的信息，又为了尽可能传到更远处而悠扬地喊出来，是销售和宣传，又距消解疲乏的劳动号子不远。

宫田章司是 1933 年出生的漫谈家，在舞台模拟从江户到昭和初期的街头叫卖声时，他快六十岁了。起因是一位艺人临终的嘱托。为何要托给自己呢，宫田不及询问，后来他悟到，自己有儿时的东京市民生活体验,他甚至察觉到内心的梦想,他一生的梦其实就是挑着一副货担子走街串巷。宫田八十岁时提起这个梦已无法实现,我猜并不是因为挑不动担子,而是寂静又生动的、吆喝声赖以存在的空间不存在了。宫田章司的确将一些叫卖声搬上了舞台,像推演复原出一个原始人带着肌肤和表情的面庞,既费劲也说得上感人,终究是试图复原一个早先被掩埋的东西。垂垂老去的听众们欢喜地听、认真地问,当年真就是这叫法吗?宫田诚实回答,有些并不确定,他拿身体去感受,想象货物的质地和特点,让一种声音自然地吐出来,估摸着八九不离十吧。

所有这一切,行走的小贩的吆喝或虫子的自唱自销随着城市和工业的发展、汽车和其他噪声的加大已消失殆尽,就连宫田章司也走了。宫田章司的梦至少包含三部分:一门手艺;嗓子里能发出自己的声音;在热闹也安静的街巷穿过,从这里到那里——是一种生活风格的譬喻。

尽管边走边唱的小贩已经走远,二十年前本庄街头的那盏灯笼一直在我的记忆里亮着,卖石头烤红薯的那一串吆喝也不时地发出既远又近的回响。

后 记

这本集子里的文字，大部分是应《书屋》主编刘文华先生的稿约而撰写的文艺评论，小部分是我的扶桑记忆，曾刊登于《文汇报》《新民晚报》副刊。

关于我体会的日本以及那里的文化，可书写的很多，这里能呈现的实为一鳞半爪。

真真切切地知道日本这个国度，对我而言，始于二十世纪七十年代末，中日邦交正常化不久，一批又一批日本书道访华团来我的故乡扬州交流，髫年的我有幸被选为交流人员。二十世纪九十年代末，我去日本关西地区留学、生活，有缘体察那里的山水人物，时时感念乡先贤鉴真大师的精神，感受"山川异域、日月同天"实非虚言。

留学期间，我得到野村文化财团提供的奖学金。财团负责人诸角宪治先生曾对我说:"我曾在美国留学,所以不难想象,在日本的留学生活里你一定是吃过不少苦的,可我还是希望你能记住那些甜蜜的,忘记那些糟心的,并成为中日友好交流的桥梁。"

这些年里,我定居瑞典,从事瑞典文学译介颇多,每每慨叹世事之不容人设计,按说译介日本文学是距我更近的事。如今,这本书得以出版,虽说远不能架开一座桥,至少让我少一丝愧色:我没有忘。它也帮我强化了记忆并打开记忆的闸门,关于日本的故事,我还有许多话要说。

特别感谢刘文华主编的一再催促,不然,一些其实弥足珍贵的东西会流失在光阴里而无缘于笔端了。

感谢殷健灵女士和舒明先生。还要感谢张洵主编和责任编辑黄康瑄女士独具匠心、认真负责的工作。

感谢恩师厚东洋辅教授作序。让我重温了听讲的金色时光,也让我得到勉励,可以在文字的路径上继续前行。

2021 年仲秋于瑞典马尔默